北京大学经济学院博雅新锐文丛

SOCIAL CAPITAL AND
PEASANTS' INCOME IN
TRANSITIONAL CHINA

社会资本与农民收入

周晔馨 ◎ 著

北京大学出版社
PEKING UNIVERSITY PRESS

图书在版编目(CIP)数据

社会资本与农民收入/周晔馨著. —北京:北京大学出版社,2017.6
(北京大学经济学院博雅新锐文丛)
ISBN 978-7-301-28208-3

Ⅰ.①社⋯　Ⅱ.①周⋯　Ⅲ.①社会资本—关系—农民收入—研究—中国
Ⅳ.①F124.7 ②F323.8

中国版本图书馆 CIP 数据核字(2017)第 065289 号

书　　　名	社会资本与农民收入 SHEHUI ZIBEN YU NONGMIN SHOURU
著作责任者	周晔馨　著
策 划 编 辑	郝小楠
责 任 编 辑	王　晶
标 准 书 号	ISBN 978-7-301-28208-3
出 版 发 行	北京大学出版社
地　　　址	北京市海淀区成府路 205 号　100871
网　　　址	http://www.pup.cn
电 子 信 箱	em@pup.cn　　QQ:552063295
新 浪 微 博	@北京大学出版社　　@北京大学出版社经管图书
电　　　话	邮购部 62752015　发行部 62750672　编辑部 62752926
印 刷 者	北京宏伟双华印刷有限公司
经 销 者	新华书店
	730 毫米×1020 毫米　16 开本　13.75 印张　149 千字 2017 年 6 月第 1 版　2017 年 6 月第 1 次印刷
定　　　价	42.00 元

未经许可,不得以任何方式复制或抄袭本书之部分或全部内容。
版权所有,侵权必究
举报电话:010-62752024　电子信箱:fd@pup.pku.edu.cn
图书如有印装质量问题,请与出版部联系,电话:010-62756370

序　言

　　学生周晔馨的博士论文即将出版,这让我非常高兴,也值得为之庆贺。本书是国内第一部系统研究农户和农民工社会资本及其经济效应的著述,是晔馨潜心研究数载所结出的学术成果,时至今日仍然处于该领域的前沿。

　　对社会资本的学术关注最早出现在社会学领域。社会学研究者把社会关系、社会网络和社团的制度和组织以及由此产生的共享知识、相互信任、社会规范和不成文规则,看作是实际的或潜在的资源集合体,并将其定义为社会资本。在这一基本范畴上,学者们构建了具有不同侧重视角的理论框架,探究各种社会资本在社区和社团合作中的角色,以及在个体获得社会地位中的作用。20世纪后期,随着新制度经济学的兴起和制度分析思路进入新古典经济学分析框架,内蕴于非正规制度和规则的社会资本,也逐渐进入经济学家的研究视域中,成为继人力资本后的又一个资本范畴。尽管在存量、积累、折旧、回报等观察和度量模式上,社会资本似乎不拥有物质资本和人力资本的某些共同特征,因而在是否可以称之为"资本"的问题上,学界尚存在不同见解,但对概念范畴界定上的分歧,并未妨碍学者对习惯、准则、相互信任、社会关系网和社会组织在经济运行中的作用展开研究和分析。丰硕的研究成果正逐渐打开经济学人理解历史和现实世界的另一扇窗户:在那些无法依靠理性和私欲组合的行为模式给出合理解释的地方,往往在融入社会文化、习惯和由此决定的行为模式后,可以得到更合乎逻辑的理解,因为经济学的假设和理性是受到文化限制和塑造的。

20 世纪 40 年代后期,费孝通先生在其享誉中外的著作《乡土中国》中对中国社会结构和行为模式进行了深刻的分析。他指出,与西方社会的团体格局不同,中国社会是个差序格局,就好像是把一块石头丢在水面上所发生的一圈圈推出去的波纹,每个人都是其社会影响所推出去的圈子的中心,按照血缘和地缘关系联系成由近及远的社会关系网。中国是一个攀关系、讲交情的社会,个人的发展依靠以血缘家庭为中心的社会网络或以差序格局形成的社会圈子的支持,是传统中国乡土社会普遍存在的社会现象。尽管乡土中国与欧洲国家的文化和传统截然不同,但在两种不同文化和传统之上概括和抽象出来的差序格局("关系"网络)与社会资本(社会资源)概念,却具有一定相似性。因此,将社会资本概念引入中国经济运行现象和规律的研究顺理成章,而且社会资本理论经过三十多年的发展,拥有了越来越丰富的内涵和测量工具,对其合理的借鉴和运用,将可能有助于在学理上弄清楚中国情境下的社会资本内涵及其对经济运行的影响机制,并对该理论在中国的适用性进行检验。

农民社会资本的结构性变化,是我国经济社会转型的特征之一。那些仍然在相对落后和传统的农村地区中以小规模土地耕种维系生计的农户,其人力资本和物质资本积累水平相对低下,亲缘和地缘社会关系网络或原始社会资本在他们的生产和生活中的重要作用还难以被替代,而那些进入工业和服务业就业、进入城镇生活的农民工,在新的社会环境中逐渐建立起基于人力资本和业缘关系的社会网络。这些新型社会资本在他们的身份转变和经济社会地位获得中可能发挥越来越重要的作用。周晔馨的经济学博士论文选择了这样一个反映时代变迁的有价值的研究课题:研究我国二元经济社会大转型时期的农户和农民工的社会资本及其经济效应。

本书首先利用中国家计调查数据,在村庄和家庭两个层面估计了以血缘和地缘为基础的关系网络以及信任等社会资本对农户收入的影响,并从社会资本对收入差距影响的渠道和结果两个角度,检验了世界银行经济学家 Grootaert 等人关于"社会资本是穷人的资本"的推测。研究发现,我国低收入农户社会资本的拥有量和回报率均低于高收入农户,落后地区农户的社会资本低于富裕地区的农户。由此可见,穷人收入低下不仅可能是因为他们的人力资本和物质资本不足,而且还可能因为贫困家庭血缘和地缘纽带所形成的社会网络中可以被动用的社会资源不足,以及彼此形成的支持性帮助不足。因此,"社会资本是穷人的资本"的推测至少从收入差距视角看在中国农村还难以成立。

接着，本书探讨了传统和新型两种社会资本对进城务工农民产生的多方面作用。譬如，从乡土带出来的血缘和地缘关系网络能保证进城务工就业信息的真实性，加快工作搜寻和匹配的速度，并具有信誉担保、隐形保险等功能，农民工进城后还可能依靠原始社会关系的辅助经营小生意和创业。在城镇工作和生活中积累的新型社会资本影响农民工行为模式、生产率和经济地位。农民工社会资本经济效应研究面临的一个重大挑战，是缺乏反映农民工个体层面社会资本的数据。为获得一手资料和数据，北京大学经济学院发展经济学研究团队专门设计了北京市农民工社会资本调查问卷，并连续数年组织了数据采集。利用这些数据，本书不仅测量了在京农民工个人社会资本各因子间的相对重要性，为边燕杰的网络社会资本操作化定义找到了经验依据，发现了农民工社会资本的分布特征，而且检验了农民工同质性较高的原始社会资本与异质性较高的新型社会资本对收入影响的相对重要性。作者还基于效用最大化和社会资本特征，构建了一个乡城移民过程中个体社会资本投资的动态优化模型，对社会资本投资和形成机制进行了学理探讨。

毫无疑问，周晔馨博士论文中的这些探索仍然存在不少需要进一步完善的地方，但从社会经济学在中国的发展来看，这些工作填补了相关领域的空白。本书在农民工社会资本的调查和测量、在社会资本对农户/农民工的收入及收入差距的影响，以及在农民工社会资本形成机制等方面的探讨，从研究视角到研究方法上都具有一定的开创性。可以说，本书从实证和理论两方面深化了社会经济学的研究，并与传统的劳动经济学等研究视角形成了互补。

总之,本书是近年来出现的一本既有深入理论分析又有重要现实意义的社会资本著作。学术之路漫漫而修远,希望晔馨在学术的道路上坚持上下求索的精神,也期待他做出更多的优秀成果回报社会。

2017 年 5 月 8 日于北京大学

内 容 提 要

　　本书考察了社会资本在农户和流动农民工收入中的作用,并分析了乡-城流动人员对社会资本投资的内在机制,主要由六篇有联系的论文组成,分别为第二至第七章。第一章为绪论,第二章综述了社会资本在减轻农村贫困中的作用,余下部分分为上下两篇:上篇为"农村中的社会资本与农户收入",主要分析社会资本对农民收入的影响和作用途径,以及是否会扩大收入差距;下篇为"城市化中的社会资本与农民工收入",主要研究农民工社会资本的测量及其分布特征、社会资本转换与农民工收入以及农民工的社会资本投资模型。

　　第二章分别从社会资本在减少农村绝对贫困、暂时贫困、长期贫困和相对贫困方面,综述了近年来的研究进展和研究思路,并对其理论价值进行了评述。研究发现,现有文献在社会资本减少长期贫困和绝对贫困方面的结论比较一致,但是在减少暂时贫困和相对贫困方面的结论则不尽一致,进而提出了未来的研究方向和难点。

第三章利用CHIPS 2002数据,研究了村级和家庭两个层面社会资本对农户收入的影响。估计结果发现:(1)村级和家庭的社会资本对农户总收入有显著的直接回报,与物质资本、人力资本相比具有明显的相对重要性,且不同维度对农户农业收入和非农收入有不同的作用;(2)村级社会资本和家庭社会资本之间,以及它们与家庭的物质资本、人力资本之间的许多交互作用,对总收入有显著的正面作用。经过内生性检验和对交叉项多重共线性等方面的处理,研究结论为转型期中国培育、发挥农民社会资本以改进收入分配的政策,提供了更为稳健的实证依据。

第四章使用CHIPS 2002数据,分析了社会资本不平等影响收入不平等的两个渠道——资本欠缺和回报欠缺,对"社会资本是穷人的资本"这一假说进行了检验。本章完善了农户社会资本的测量并构建了综合指数,首次获得了完整的社会资本回报率分布特征,并分析了地区收入水平变化对社会资本作用的影响。估计结果几乎没有发现支持该假说的证据,反而倾向于证伪该假说:收入低的农户在社会资本的拥有量和回报率方面都低于高收入农户,从地区差别来看社会资本也是有利于富裕地区农户。总的来看,社会资本是一个拉大农户收入差距的因素。

第五章基于2009年北京市农民工社会资本调查数据,使用因子分析方法测量了农民工社会资本的决定因子及因子间的相对重要性,构建了一个综合指数对农民工社会资本进行了综合测量,并为边燕杰(2004)的操作化定义找到了经验证据的支持;使用均值t检验和基尼系数等方法,从性别和代际等角度研究了样本农民工社会资本和社会网络的分布特征,研究发现农民工社会资本存在低水平集中、严重的性别和代际的组间不平等、组内分布不平等、新型和原始社会网络差别等特征。

第六章基于2007年北京市农民工社会资本调查数据研究了农民工社会资本转换对其进城打工收入水平的影响。研究发现农民工原始社会资本的大小对于其增加城市收入没有显著影响,新获得的异质性社会资本即新型社会资本对收入有正的影响;这些结论在解决了异方差和多重共线性等问题的基础上,进一步通过了严格的稳健性和内生性检验。

第七章基于与网络社会资本投资密切相关的机会成本、风险、折旧和社区专用性等核心概念,并根据中国乡-城移民过程中的户籍等制度特征和农民工的人力资本、代际差别、外部性等时代特征,构建了一个农民工的网络社会资本投资与人力资本、迁移行为和社会环境等之间关系的经济控制论模型。本章发展了既有的网络社会资本投资模型,并尝试解释中国转型期中乡-城移民的网络社会资本投资行为的内在决定机制。

目　　录

第一章　绪论……………………………………………………（1）
　　第一节　问题的提出…………………………………………（1）
　　第二节　社会资本的概念框架………………………………（6）
　　第三节　主要内容和结构……………………………………（9）
　　第四节　本研究可能的主要创新……………………………（11）

第二章　社会资本在减轻农村贫困中的作用：文献述评与研究展望
　　………………………………………………………………（13）
　　第一节　社会资本与基于绝对-相对视角的贫困……………（16）
　　第二节　社会资本与基于暂时-长期视角的贫困……………（24）
　　第三节　研究展望……………………………………………（36）

上篇　农村中的社会资本与农户收入

第三章　社会资本在农户收入中的作用
　　　　——基于中国家计调查（CHIPS 2002）的证据…………（43）
　　第一节　文献综述……………………………………………（44）
　　第二节　数据来源、变量描述和模型设定…………………（49）

第三节　社会资本对农户收入的直接影响 …………………… (54)

第四节　社会资本对农户收入的间接影响 …………………… (59)

第五节　结论和讨论 …………………………………………… (66)

第四章　社会资本是"穷人的资本吗"？
　　　　——基于中国农户收入的经验证据 ………………… (68)

第一节　文献综述和假设 ……………………………………… (70)

第二节　数据来源和变量描述性统计 ………………………… (77)

第三节　穷人拥有更多的社会资本吗？ ……………………… (80)

第四节　穷人的社会资本回报率更高吗？ …………………… (83)

第五节　穷人的资本欠缺和回报欠缺是否随地区收入水平而变化？
　　　　………………………………………………………… (89)

第六节　稳健性讨论 …………………………………………… (94)

第七节　结论和讨论 …………………………………………… (97)

下篇　城市化中的社会资本与农民工收入

第五章　流动农民工社会资本的测量及其分布特征
　　　　——基于北京市农民工社会网络的分析 …………… (101)

第一节　文献综述 ……………………………………………… (103)

第二节　数据来源、测量指标和描述性统计 ………………… (108)

第三节　农民工社会网络的构成因子和综合指数 …………… (110)

第四节　农民工社会网络的分布特征 ………………………… (115)

第五节　结论和讨论 …………………………………………… (122)

第六章 社会资本转换与农民工收入
——来自北京农民工调查的证据 …… (124)

第一节 文献综述 …… (126)

第二节 数据来源和描述性统计 …… (132)

第三节 研究假设 …… (139)

第四节 实证分析 …… (142)

第五节 结论和讨论 …… (158)

第七章 网络社会资本投资与乡-城移民
——基于转型期流动农民工的动态优化分析 …… (161)

第一节 社会资本模型与乡-城移民：文献综述 …… (162)

第二节 理论假设和基本模型 …… (166)

第三节 模型分析和命题 …… (175)

第四节 结论和讨论 …… (178)

第八章 结论与进一步讨论 …… (180)

参考文献 …… (185)

后 记 …… (200)

第一章 绪 论

第一节 问题的提出

在转型期的中国,"三农"问题毫无疑问是关系国家发展的一个重要议题,而农民(包括农户和进城务工农民①)的收入更是重中之重。如何提高农户和农民工的收入和经济地位、缩小城乡收入差异,是近年来我国学术界最为关注的热点问题之一。在现有文献中,尽管从自然资本、物质资本、人力资本等微观视角和从我国城乡户籍分割、劳动力市场二元结构等宏观视角展开的研究占据了主导地位,但随着研究的深入以及社会资本概念的提出和发展(Bourdieu,1983;Coleman,1990;Putnam et al.,1993),人们越来越清楚地认识到社

---

① 进城务工农民在本研究以下部分中简称为"农民工"。

会资本是自然资本、物质资本、人力资本的重要补充,也是发展所不可缺少的因素(Ostrom,1999;Lin,2001;Grootaert & Bastelaer,2002),一些经济学文献开始关注表现为社会网络、信任和规范的社会资本对农户和农民工收入及经济地位的影响(Narayan & Pritchett,1999;Grootaert,1999,2001;Grootaert et al.,2002;Zhang & Li,2003;Carter & Maluccio,2003;Sato,2006;Abdul-Hakim et al.,2010;胡必亮,2004;佐藤宏,2004;赵剑治、陆铭,2009;马光荣、杨恩艳,2011;张爽等,2007;黄瑞芹、杨云彦,2008;章元、陆铭,2009;等等)。

乡土社会中的社会资本具有非常重要的经济作用和经济学含义,尤其是在正式制度和市场不发达的时期(Stiglitz,2000)。近年来,基于社会资本对农户收入影响的研究逐渐增多。比如,中观层面的研究发现村级社会资本对农户家庭收入有很大程度的、可信的影响,社会资本通过提供更好的公共服务、更多的社区合作以及对信任的利用来改进农户的收入(Narayan & Pritchett,1999)。这项研究验证了 Putnam et al.(1993)的观点:在一个共同体内信任水平越高,合作的可能性就越大。就微观社会资本对农户收入影响的研究而言[①],许多文献发现社会资本对农户收入或贫困有正面的改进作用(Grootaert,1999,2001;Grootaert et al.,2002;张爽等,2007)。但是,目前关

---

① 微观层面的社会资本主要体现为个体(家庭或个人)的"关系"或社会网络。从微观视角看,社会资本理论关注个体与个体间的关系、个体行为的"嵌入性"(embeddedness)、个体对社会资源的拥有(access)和动员(mobilization)能力以及个体在社会网络中的位置等(Lin,1999)。Lin(1999)认为社会资源和社会资本是一对收敛的概念,他在实证研究的层面上使用社会资源概念,而在一般理论层面上使用社会资本概念。

于社会资本对农户收入影响的分析,至少可以从以下方面改进。

首先,有必要使用微观计量方法就社会资本对农户收入的影响进行实证研究。现有文献主要关注村庄的人均收入增长率、贫困发生率、收入差距等(如 Narayan & Pritchett,1999;Grootaert,1999,2001;Grootaert et al.,2002;佐藤宏,2009;赵剑治、陆铭,2009;张爽等,2007)。至于社会资本对农户收入本身的影响,现有文献缺乏关注,仅仅将社会资本作为控制变量进行简单讨论(黄瑞芹、杨云彦,2008;Sato,2006);而且现有文献在变量选取上也比较单一,难以反映多维度的作用,有必要深入研究。另外,现有文献往往没有处理社会资本的内生性问题,这就需要应用工具变量和两阶段最小二乘法(2SLS)等方法进行分析。

其次,有必要使用微观计量方法研究社会资本是否会扩大农村的收入差距。尽管社会资本在减少贫困或改善收入方面,许多研究结论比较一致(Knack,1999;Abdul-Hakim et al.,2010;Narayan & Pritchett,1999),但社会资本是否对穷人更有利,却有争议。有研究发现社会资本对穷人的回报更高、有利于穷人减轻贫困,因而提出社会资本是"穷人的资本"的假说(Grootaert,1999,2001;Woolcock & Narayan,2000)。但也有文献不支持这种说法(Gertler et al.,2006;赵剑治、陆铭,2009;Cleaver,2005)。在存量和回报率方面,社会资本是否对穷人更有利,是否能够减少收入差距?这需要采用分位数回归(quantile regression)等微观计量经济学方法进行实证分析。对这一问题的研究有助于理解社会资本的运行机制,也能够为扶贫政策提供实证依据。

城市化是中国转型的最重要进程之一,进城务工农民的社会资本也具有非常重要的经济作用和经济学含义。中国正在经历着人类历史上规模最大的城市化,大量的进城务工农民加入了这一进程,仅仅新生代农民工就已经上亿。这一非常值得研究的课题,引起学者多方面的兴趣,他们基于不同视角用不同方法进行分析。社会资本作为影响农民工收入、迁移和工作搜寻成本的重要因素,在20世纪90年代就被引入我国乡-城劳动力流动的社会学和经济学研究中,但还存在许多地方可以完善。

首先,国内研究对农民工网络社会资本的分布特征缺乏系统的关注。近来的文献对社会资本和社会网络测量维度和指标的研究,主要集中在从理论上探讨测量的维度(Granovetter,1973;林南,1998;Lin,2001;张文宏,2007;赵延东、罗家德,2005),以及在实证分析中具体测量社会资本的某些维度(边燕杰,2004;赵剑治、陆铭,2009;陆铭等,2010),但对农民工网络社会资本分布特征尚未涉及。如果考虑 t 检验、基尼系数等方法研究农民工的总社会资本和网络社会资本的不平等程度,研究不同性别、不同年龄段(比如新生代、老一代)社会资本的差别,研究不同组别内部的不平等程度以及组别间不平等程度的差别、新型社会资本和原始社会资本的代际分布差别等问题,对于深化实证和理论研究,以及提出更为具体的政策建议都有重要的意义。

其次,基于社会资本转换(Coleman,1990)这一视角,对流动劳动力经济地位的获得进行研究,可能有助于理解实证分析中关于社会资本对农民工收入影响结论的不一致。农民工既需要利用乡土社会中形成的"原始社会资本"来减少他们打工的搜寻成本和各种风险，也需要利用嵌入在城市"新型社会资本"中的资源，改善其经济地位。改革开放以来，农村劳动力大规模流动带来的网络社会资本转换，已经受到一些学者的关注（赵延东、王奋宇，2002；曹子玮，2003；陈成文、王修晓，2004）。关于社会网络对农民工经济地位尤其是对其工资影响的理解，现有文献结论并不相同：有的认为没有影响，有的认为有正面影响（陈成文、王修晓，2004；刘林平、张春泥，2007；章元等，2008；章元、陆铭，2009；叶静怡、衣光春，2010）。现有文献有的区分了农民工进城前后积累的不同社会资本，有的则不加区别，因此，出现上述分歧的一个重要原因，可能在于对农民工社会网络考察视角的差别。在区别农民工原始社会资本与新型社会资本的基础上，分别考察它们对农民工城市收入的影响，可能会得到社会资本与农民工收入关系的一致解释。

最后，关于流动农民工的社会资本投资行为及其对收入、移民的影响，有理论建模研究的需要。国内学者从社会资本视角对我国农户收入、农村劳动力迁移和收入问题进行了很多研究，但主要是基于计量经济学的实证分析，以及基于社会学的理论和经验分析，目前尚缺乏利用数理经济模型的深入分析。中国转型过程中，在年龄、学历和地域等方面存在异质性的乡-城流动人员如何对新型社会资本进行投资？这些投资行为对城市化有什么影响？这些问题都需要从理论上得到逻辑一致的解释。但是，现有文献对此较少关注，不利于对社会资本在劳动力市场和城市化过程中作用机制的理解。近年来出现的关于移民社会资本的理论研究，如 Calvó-Armengol & Jackson

(2004)，以及关于个人社会资本投资的经济学理论模型（Gläser et al.，2002；Yueh，2004），可以作为对农民工社会资本投资行为进行理论建模的借鉴。另外，也可以将社会资本作为一种非正式制度，分析农民工网络社会资本的变迁（Davis，2006）以及对移民和城市化的影响（Carrington et al.，1996）①。分析流动农民工的社会资本投资行为，可以使我们加深对社会资本投资如何影响劳动力流动和收入的认识，进而为深化改革和研究农民工社会资本的保护、转化以及劳动力资源配置效率提供参考，具有重要的理论与政策研究价值。

本研究将借鉴国内外的最新研究成果，发展和丰富社会资本对农户和进城务工人员收入影响的经济学实证和理论研究。

第二节 社会资本的概念框架

比较一致而简单的社会资本定义是 Lin(2001)提出的，即"期望在市场中得到回报的社会关系投资"。具体来看，社会资本被公认为是基于社会关系、网络和社团的制度和组织，这些社会关系、网络和社团能够产生共享知识、相互信任、社会规范和不成文规则（Durlauf & Fafchamps，2005）。从层次的划分看，目前文献是从微观、中观和宏观三个层面来对社会资本进行划分并做出相应的定义的（Grootaert & Bastelaer，2002；Serageldin & Grootaert，2001）。这三个层面并不

---

① Carrington et al.（1996）指出，长期来看，社会网络对迁移有"滚雪球"式的促进效果，因为周边群体移民越多，他们提供的就业信息就越丰富，从而带来更多周边移民，进而形成一种良性循环。

互相排斥,根据讨论问题的不同,它们的作用各有侧重(Brown,1997)。

第一种观点从微观层面出发,将社会资本定义为对社区生产能力有影响的人们之间所构成的一系列"横向联系",这些联系是以关系网络和社会规范为依据的;社会资本可定义为"社会组织的特征,诸如信任、规范以及网络,它们能够通过促进合作来提高社会的效率"(Putnam et al.,1993)。

第二种观点从更广泛的层次或中观层次可以将社会资本定义为"一系列具有社会结构特征的不同实体,这些实体能够促使结构内部的参与者行使某种行为——无论他是私人的还是组织中的参与者"(Coleman,1990),该定义暗示考察的对象是集团之间的关系,而不是个体之间的关系,从而扩展了社会资本概念的内涵,使之既包括横向的协会组织,也包括纵向的科层组织。

第三种观点更为宽泛,其在第二种观点之上,加入了政治制度、法律规则等正式制度。将研究重点放在制度上的有 North(1990)和 Olson(1982),他们认为制度对经济增长率和经济增长方式具有至关重要的作用。

这三种观点的共同点在于,它们都和经济、政治、社会等正式或非正式制度紧密相关,特别是与非正式制度有关。非正式制度是人们在长期交往中形成的,它具有持久的生命力,并且构成了代代相传的文化的一部分,主要包括价值信念、伦理规范、道德观念、风俗习惯、意识形态等因素。一般来讲,学者们研究的社会资本主要涉及前两种定义,往往把微观和中观的社会资本归入非正式制度,而宏观的社会资本则归入正式制度。因此,社会资本和正式制度、非正式制度都有相当大的重合,它更多是作为一种非正式制度而受到关注。① 由于制度经济学更多地关注正式制度,因此对社会资本的研究将从非正式制度的视角完善制度经济学的相关研究。

无论是微观、中观还是宏观层次,社会资本对发展的影响都是通过类型完全不同的两种社会资本的相互作用来实现的,即结构性(structural)社会资本和认知性(cognitive)社会资本。结构性社会资本通过规则、程序和先例建立起社会网络和确定社会角色,促进分享信息、采取集体行动和制定政策制度。因此,它相对客观,而且易于观察。认知性社会资本是指共享的规范、价值观、信任、态度和信仰,因此,它是一个更主观因而更难以触摸的概念(Grootaert & Bastelaer,2002)。

从古典的资本概念(马克思,2004[1867])到人力资本(Becker,1962;Schultz,1961),再到社会资本,是资本概念的进一步发展(Lin,2001)。如同人力资本提出后,不断遭到质疑但是最终被接受,社会资本提出后虽然遭到质疑(Dasgupta et al.,2000),但是已经被越来越多经济学家所接受,关于社会资本的经济学理论和实证研究文献也不断涌现(Stiglitz,2000;Knack & Keefer,1997;Knack,1999;Temple & Johnson,1998;Gläser et al.,2002;Knight & Yueh,2008;Gradstein & Justman,2000;Karlan et al.,2009;Ishise & Sawada,2009)。国内关于社会资本的经济学研究(胡必亮,

---

① 社会资本和非正式制度关系的分析详见陆铭、李爽:《社会资本、非正式制度与经济发展》,《管理世界》,2008 年第 9 期。

2004；陈健，2007；张维迎、柯荣住，2002；李涛、李红，2004；陈雨露、马勇，2008；李涛等，2008；李涛，2006；陈钊等，2009；刘凤委等，2009；汪汇等，2009；陆铭、李爽，2008)，也不断见诸《经济研究》、《管理世界》、《经济学》(季刊)、《世界经济》和《世界经济文汇》等学术刊物。

社会资本理论近年来被引入发展经济学研究领域，而在发展微观经济学领域中则广泛应用于社会网络可能带来的收益研究(Yueh，2004；Grootaert，1999，2001；Grootaert et al.，2002；张爽等，2007；赵剑治、陆铭，2009；章元、陆铭，2009；等等)。社会网络和社会资本在劳动力市场中能够降低交易成本，从而被用来解释就业、职业阶梯上的流动(Portes，2000)。社会资本由于其嵌入在社会结构中的特点，故对于研究劳动力就业和流动也具有特别的意义。

第三节 主要内容和结构

本书主要由六篇有联系的论文组成，整体上分为上下两篇：上篇为"农村中的社会资本与农户收入"，主要分析社会资本对农户收入的影响、作用途径，以及是否扩大收入差距；下篇为"城市化中的社会资本与农民工收入"，主要研究农民工社会网络资本的测量及其分布特征、社会资本转换与农民工收入、农民工的社会资本投资模型。具体研究以下内容。

(1) 从社会资本在减少农民贫困，包括绝对贫困、暂时贫困、慢性贫困和相对贫困方面，综述近年来的研究思路和研究进展。

(2) 利用 CHIPS 2002 数据，研究村级和家庭两个层面的社会资本对农户收入的影响，包括村级和家庭的社会资本对农户总收入是否有显著的直接回报，社会资本和物质资本、人力资本相比的相对重要性如何；村级社会资本和家庭社会资本之间，以及它们与家庭的物质资本、人力资本之间对总收入有什么交互作用。

(3) 使用 CHIPS 2002 数据，通过分析社会资本不平等影响收入不平等的两个渠道——资本欠缺和回报欠缺，对"社会资本是穷人的资本"这一假说进行检验，研究社会资本是否会拉大农户收入差距。

(4) 基于 2009 年北京市农民工社会资本调查数据，测量农民工社会资本的决定因子及估计因子间的相对重要性，构建综合指数对农民工社会资本进行综合测量，研究样本农民工社会资本和社会网络的分布特征，为完善农民工宏观管理模式、城市扶贫措施以及进一步研究社会资本的作用提供线索。

(5) 基于 2007 年北京市农民工调查数据研究农民工社会资本转换对其进城打工收入水平的影响，分析农民工原始社会资本和新获得的异质性社会资本即新型社会资本对于其增加城市收入是否有显著影响。

(6) 根据中国转型期的特点做出合乎现实的假设，发展一个流动农民工社会资本投资的动态优化模型并推出可检验的命题。理论模型的建立将加深对社会资本投资机制的理解，并可以为完善户籍制度、促进新生代农民工城市化融入以及收入分配等相关政策的制定提供参考。

第四节 本研究可能的主要创新

资本的概念从最传统的物质资本拓展到人力资本后,已进一步拓展到社会资本(Lin,2001;Grootaert & Bastelaer,2002)。本研究将社会资本引入农村居民和流动农民工的收入及其分配研究,通过实证研究分析其影响,并尝试进行理论建模分析,具有一定的创新意义。

(1) 推进了关于社会资本在农户收入中作用的实证研究。首先,本研究对社会资本在农户收入中作用及其途径的研究,补充了现有文献对此问题分析的欠缺,研究发现社会资本是影响农户收入的重要因素,与物质资本、人力资本相比具有相对重要性。其次,对世界银行著名经济学家 Grootaert 关于"社会资本是穷人的资本"这一假说进行了检验,估计结果几乎没有发现支持该假说的证据,反而倾向于证伪该假说,社会资本是一个拉大农户收入差距的因素。此外,本研究估计了一系列分位点上的社会资本回报率,对回报欠缺的检验更为稳健,并对基于社会资本的收入差距来源进一步进行了分解,增进了对社会资本作用机制的理解。(第三、第四章)

(2) 进行了第一手数据的采集,并完善了测量指标。本研究在吸收国内外关于社会资本和社会网络的测量维度和指标的基础上,设计了新的调查问卷,对农民工社会资本和社会网络测量做出新探索,并获得了第一手调查数据。在数据基础上对流动农民工的网络社会资本的测量和指标构建也具有开创性的意义:在农民工社会资本和社会网络研究中引入因子分析方法,测量了农民工社会资本的决定因子及因子间的相对重要性,构建了综合指数,并为边燕杰(2004)的操作化定义找到了经验证据的支持,对进一步研究社会资本的作用提供了线索。(第五章)

(3)基于Coleman(1990)社会资本转换的思想,本研究利用数据分析了原始社会资本和新型社会资本对收入的不同影响。利用数据进行了完整的对比分析,在实证分析的基础上得出社会资本转换对农民工城市打工收入具有重要影响的结论。(第六章)

(4)基于经济学理性人假设并以机会成本、风险、社区专用性为核心概念,根据中国乡-城移民过程中的制度特征和农民工的收入及人力资本等约束条件,发展了以往的社会资本投资模型,并尝试解释中国转型期乡-城移民的社会资本投资行为的内在决定机制。(第七章)

第二章 社会资本在减轻农村贫困中的作用：文献述评与研究展望[*]

在有关减轻农村贫困的研究中，"资本"一直处于中心位置，但其概念也在不断演进：早期的研究主要强调传统意义上的自然资本和物质资本，如"贫困恶性循环理论"从传统资本的供给和需求两个方面的恶性循环，来论述发展中国家长期贫困的原因（Nurkse，1953）；后来的人力资本理论则认为贫困的主要根源就在于人力资本投资的

---

[*] 本章最初发表于《南方经济》2014年第7期，编入本书时略有文字上的调整。本章系国家社科基金项目"社会网络影响收入差距的理论、政策与实证研究"（12CJL023）、北京师范大学引进高层次人才项目"城市化进程中的三农问题研究"（238-107022）和国家自然科学基金项目（71203015）的阶段性成果。感谢博士候选人周敏丹等人的修改意见，特别感谢审稿人的启发和建议。作者文责自负。

不足(Schultz,1961);而20世纪80年代以来,社会资本概念的提出(Bourdieu,1983;Coleman,1990;Putnam et al.,1993)又为研究贫困问题提供了新的理论视角和源源不断的经验证据。社会资本是自然资本、物质资本和人力资本的必要补充,也是发展所不可缺少的(Ostrom,1999)。但社会资本与传统的资本概念也有很大不同,最显著的差别在于它是一种非正式制度,是行动者在行动中获取和使用的嵌入在社会网络中的资源(Lin,2001)。自从社会资本在收入和贫困问题中的作用被"发现"以来,不断有文献关注社会网络、信任和规范等社会资本对减轻农村贫困的作用,大大推进了反贫困研究并取得了丰硕的成果。由于社会资本的定义比较丰富,甚至还有一点混乱,因此,本研究的分析主要集中于文献中研究较多,而且得到较好量化研究的微观和中观层次的社会关系网络,包括蕴含在其中的互惠、信任和规范。

贫困概念通常指个体意义上的贫困,包括收入贫困、能力贫困和权利贫困。起初,人们只是从收入和消费的角度来定义贫困问题,到20世纪80年代才发展出包括健康和教育在内的能力贫困,再到90年代又进一步发展到包括脆弱性、社会排斥等更为宽泛的权利贫困。关于贫困问题研究的一个最重要的理论是贫困代际传递理论,其中除了强调人力资本的贝克尔等人,影响更大的是强调贫困文化的刘易斯。刘易斯提出,贫困表现为自我维持的一种文化体系,这种亚文化保守落后并在代际传递,涵盖了穷人的社会参与、经济生活、家庭关系、社区环境和个人心态等方面(Lewis,1976)。而另一个研究贫困的代表人物阿玛蒂亚·森也认为,贫困已经不仅仅是经济概念,其真正的含义是贫困人口创造收入的能力和机会的贫困(Sen,1999,1992)。他们的观点和社会资本所强调的社会互动已经有了内在的联系,因为网络、信任和社会参与等形式的社会互动中蕴含着社会资源,不但提供着创造收入的能力和机会(Lin et al.,1981),同时也可能造成某种形式和程度的社会排斥(Cleaver,2005)。

社会资本的不同维度对于不同类型的贫困所起的作用是不同的。社会资本是基于社会关系、网络和社团的制度和组织,这些社会关系、网络和社团可以产生出共享知识、相互信任、社会规范以及不成文规则(Durlauf & Fafchamps,2005)。根据社会资本包含的核心内容,它还可以被定义为"社会组织的特征,诸如信任、规范以及网络,它们能够通过促进合作来提高社会的效率"(Putnam et al.,1993)。社会资本概念关注个体与个体间的关系、个体行为的"嵌入性"、个体对社会资源的拥有和动员能力以及个体在社会网络中的位置等。个体在社会网络中的位置是因人而异的,因此社会资本在不同收入人群中的分布和回报可能是不同的。由于导致各种贫困的原因不同,而且社会资本存在多种维度、有不同的作用途径,因此社会资本对不同的贫困类型就可能有不同的影响。可以从多个视角来定义贫困并对其进行分类,本章主要基于静态和动态两个视角来回顾关于社会资本在减轻农村贫困中所起作用的相关研究。静态来看,贫困可以分为绝对贫困和相对贫困(Fuchs,1967;Rowntree,1901);动态来看,又可分为暂时贫困(transient poverty)和长期贫困(chronic poverty)(Jalan & Ravallion,1998;Jalan & Ravallion,1998;Jalan & Ravallion,2000)。这两种分类标准其实也是互相交叉的,但在实证研究中往往侧重点不同。① 本章基于以上分类框架,梳理了研究社会资本在减轻农村贫困中所起作用的文献以及进展,并在评述的基础上提出了进一步的研究方向。

第一节 社会资本与基于绝对-相对视角的贫困

(一)社会资本与农村绝对贫困

绝对贫困和相对贫困是关于贫困概念的最常见划分。绝对贫困又叫生存贫困,该定义最初起源于19世纪末20世纪初英国的布什和朗特里关于贫困问题的研究。在《贫困:城镇生活研究》(Poverty: A Study of Town Life)这本著作中,朗特里明确提出了绝对贫困概念:一个家庭处于贫困状态是因为其所拥有的收入不足以维持其生理功能的最低需要,这种最低需要包括食品、住房、衣着和其他必需品(Rowntree,1901)。按国际标准,每天收入低于1美元的人处于绝对贫困中,不同的国家因国情不同其标准略有差异。我国在2011年将人均年纯收入1500元定为贫困线,实际低于国际标准。

世界银行的研究报告认为,穷人可以利用社会资本来储备粮食、信贷等资源,以抵抗诸如健康、恶劣天气、政府削减投资等冲击;并且指出,贫困的人们是否拥有社会资本,将决定他们能否创立小型的企业和能否增加收入。是否拥有社会资本,对这些贫困的人们来说,还

---

① 比如,和传统的贫困研究一样,长期贫困也可以区分为绝对贫困和相对贫困,只是多数研究者事实上研究的是长期绝对贫困,本章也是如此。

常常意味着生存和绝望的区别。① 关于社会资本对增加收入、减少农户（绝对）贫困发生率等的作用，既有的文献主要从村级信任和社会网络的视角给出了较为肯定的回答，但家庭社会资本的作用却并不明显，而且随着市场化进程而减弱。

经验研究发现，社会资本中的信任在农村贫困地区具有特别重要的作用。因为处于绝对贫困地区的村庄具有更强的封闭性，因此村庄内长期重复交易，使得博弈各方更容易选择合作，从而克服搭便车的难题，提供更好的公共服务。Narayan & Pritchett(1999)研究了坦桑尼亚农村地区的社团关系和村庄社会规范，发现村庄社会资本对农户家庭收入有很大程度的、可信的影响，对微观数据的分析发现，社会资本影响农户收入的直接渠道来自更好的公共服务、更多的社区合作以及对信任的利用。由于处于绝对贫困村庄的市场化程度与社会开放程度都比较低，所以村庄信任更容易在这样的环境中生存与发展(Hu, 2007)，而公共信任则能显著地减少农户的贫困，且不会随着市场化程度的提高而显著下降(张爽等，2007)②。更具体的研究还发现，村特质中的村内社会关系良好程度对家庭收入有显著的正效应(Sato, 2006)，而以村层面社会稳定程度为村级社会资本代理变量的研究则发现其对村庄人均收入增长率有显著的正向影响(佐藤宏，2009)③。在市场化进程中，基于信任的社会网络对获取非农

---

① 世界银行网站，2010。http://www.worldbank.org。
② 该研究采用了世界银行的基于购买力平价"每天1美元"绝对贫困标准和中国国家统计局2003年公布的人均年纯收入637元人民币的更为赤贫的标准。
③ 佐藤宏(2009)认为，在给定中国农村整体环境的条件下，社区层面的社团活动和家庭收入之间可能并不相关，因此，以村内社会关系良好程度的自我评估来代理村级社会资本。

就业机会和提升打工收入也起到了重要的正面作用。随着非农收入在农民收入中地位不断上升,"关系"带来的非农就业机会能够增加农民收入。经验分析表明,"关系"网络对获得非农工作机会有显著的影响,在促进劳动力市场信息流动方面起到了非常重要的作用(Zhang & Li,2003)。在中观层面上,社区层面的社会网络不仅对减少绝对贫困有作用,而且随着市场化进程的加快,在减少绝对贫困中的作用并没有明显地减弱(张爽等,2007)。

理论研究方面,Chantarat & Barrett(2011)通过模型分析和数值模拟方法,探讨了社会网络资本在促使穷人家庭摆脱绝对贫困的陷阱中所起的作用。他们发现,社会网络可视为物质资本的替代品或互补品,可以提高穷人家庭的劳动生产率并增加收入,这种收入水平的增加反过来能加强穷人家庭的社交能力,从而扩大社会网络资本,这种良性的循环,将可能促使穷人家庭最终摆脱绝对贫困的陷阱。

不过,理论和实证研究也发现,某些形式的社会资本并不能减轻穷人的绝对贫困,尤其是穷人在某些社会资本的积累方面具有劣势,而且农民家庭层面的乡村社会网络对减少贫困的作用随着市场化的深入而减弱。Collier(2002)指出:首先,社会资本也是需要投资的,如关系、网络社会资本,那么处于绝对贫困中的穷人显然缺乏相应的投资能力;其次,模仿是降低贫困程度的有力武器,穷人在模仿高收入者方面存在一定的社会性相互作用障碍,因为共享的作用是互惠的,但在富人建立私人信息共享的过程中存在排挤穷人的倾向;再次,社会资本通过重复交易减少机会主义行为,但是重复交易的一个作用是排除新的进入者,这对处于绝对贫困中的穷人参与新的交易也是不利的。近年来基于对非洲坦桑尼亚最贫困人口进行的民族志学研究也发现,社会关系、集体行动和地区组织也不断将穷人结构性地排除在外,穷人并不能依靠社会资本来减轻绝对贫困(Cleaver,2005)。基于中国数据的研究发现,尽管农民工在城市中新获得的异质性网络社会资本与收入呈正相关关系,但他们基于乡村的原始社会资本在消除内生性后对城市打工收入没有显著影响(叶静怡、周晔馨,2010),这也印证了张爽等(2007)基于中国微观调查数据的经验研究结论——家庭层面的乡村原始社会资本对减少贫困没有显著作用,而且随着市场化程度的提高,家庭层面的社会网络减少农户贫困的作用总体上来说会显著减少。

(二) 社会资本与农村相对贫困

绝对贫困、临时贫困和长期贫困概念关注的均是绝对收入水平,而相对贫困则关注相对收入水平的差距。按照世界银行的标准,收入少于或等于平均收入三分之一的社会成员处于相对贫困中。如果最穷人群的绝对收入和发展机会在增加,但是富裕阶层的绝对收入增加更快,导致收入差距扩大,底层的人群仍然会处于相对贫困中。因此,即使社会资本能够减轻上述三种贫困,也并不一定能够减少相对贫困。目前关注社会资本与收入差距或相对贫困之间关系的文献不是很多,但该问题正受到更多关注,文献也正在不断增长,并可能成为未来的研究热点。

在 Fuchs(1967)最早明确地提出相对贫困概念并首次使用相对贫困标准,继而 Townsend(1979)和 Townsend(1985)又进一步发展完善了相对贫困概念之后,林南是较早从理论上分析社会资本不平等影响收入不平等的学者(Lin,2001)。他认为这种不平等主要是通过资本欠缺(capital deficit)和回报欠缺(return deficit)两个渠道形成。这两个渠道与相对剥夺(relative deprivation)概念不谋而合,而相对剥夺是相对贫困概念提出的理论基础,由 Runciman(1966)较早地运用于贫困分析中。社会资本可能造成和加剧相对剥夺,从而扩大收入差距。第一个渠道,即资本欠缺,主要是指因为投资和机会的不同所导致的不同群体拥有不同质量和数量的资本,这一渠道实际上反映了社会资本在不同收入群体间的分布。仅从理论上是难以判断穷人是否占有优势的:一方面,穷人的时间的机会成本比富人低,因而在具有时间密集型生产特征的社会资本上可能具有优势(Collier,2002);另一方面,社会资本与人力资本之间存在着正相关关系(Coleman,1988;Gradstein & Justman,2000),尤其是教育对于社会信任和社会参与也有正的效应(Huang et al.,2009),而人力资本又与收入、财富正相关,因此,穷人拥有的社会资本也会更少。Mogues & Carter(2005)也从理论上研究了社会资本的不平等在收入不平等中发挥的重要作用:在正规市场不完全的情形下,社会资本(如血缘、地缘或业缘关系)可被视为一种无形资产或担保品,为拥有社会资本的人提供更多机会而增加收入。因此,给定初始的经济两极分化和财富不平等状况,社会资本的不平等将引发进一步的收入或财富不平等。第二个渠道,即回报欠缺,是指由于群体间动员策略、行动努力或制度性反应的不同,从而引起一定数量社会资本对于不同的个体会产生不同的回报。农民低收入群体的社会资本回报率相对富人而言到底是更高还是更低,可能主要取决于两个方向力量的对比:一方面,对于作为一种投入要素的社会资本(Narayan & Pritchett,1999),如果边际产出递减规律也成立的话,则社会资本的回报率会随存量的增加而降低,如果穷人拥有的社会资本更少,那么相对富人而言,穷人的社会资本有可能会有更高的回报率;另一方面,按照林南提出的而被学术界广为接受的达高性、异质性和广泛性三维标准来测量,那么穷人是缺乏高质量社会资本的(Lin,2001),穷人能够获取和动用的社会资源也劣于富人(Lin,1999),因此社会资本对穷人的回报也可能会低于对富人的回报。

更细致的研究则聚焦于微观个体的社会资本尤其是社会网络对收入不平等的影响。Calvó-Armengol & Jackson(2004)较早从理论上分析了社会网络对就业及其不平等的影响,他们通过分析初始就业成本以及初始就业率的不同,解释了社会网络对未来就业率和就业前景从而对收入差异的影响。Mckenzie & Rapoport(2007)的理论分析发现,地区迁移率与该地区的收入不平等之间呈倒 U 形的关系,而这种关系的形成主要依赖于社会网络。由于受到初始高额迁移成本的限制,只有富人家庭才有机会向外迁移,因此会加剧迁入地区的收入不平等。但是当迁入地的社会网络形成后,将会降低后续的迁移成本,从而穷人家庭也有能力迁移并增加非农收入,最终会缓解所在地区的收入不平等状况。他们还利用 MMP 和 ENADID 两个数据,验证了迁移率与收入不平等之间的倒 U 形曲线,并发现其曲度主要由该社区在迁入地网络的发达程度决定。这些文献主要从社会网络视角推进了农村地区的相对贫困问题研究。

在实证研究方面,已有一些文献发现穷人在社会资本的占有上并不具有优势。社会关系、集体行动和地区组织不断将穷人结构性地排除在外,因此穷人会拥有更少的这类社会资本(Cleaver,2005)。DiPasquale & Gläser(1999)发现,房屋的所有权和社会资本投资呈正相关关系,且使用工具变量分析后进一步发现这种关系具有因果性,从侧面证明了社会资本拥有量和财富的负相关关系。La Ferrara(2002)利用坦桑尼亚的数据发现,村庄层面的收入不平等对穷人参加经济组织的概率有负面影响,说明穷人在对经济组织这类社会资本的拥有方面具有劣势。在对三个非洲国家的研究中,Fafchamps & Minten(2001)也发现,贸易合作伙伴数量对农产品产出有正向影响,而且个人家庭背景、工作经验也会有利于扩大这种由商业贸易关系形成的社会网络,进一步说明对穷人不利。而 Grootaert et al. (2002)对布基纳法索(Burkina Faso)农村的研究则发现,社会资本在贫富间的分布比其他资本更平均,似乎对穷人有利,但仍然是从穷到富增加的,而且最富的人群比最穷的人群高出30%。

不少实证研究对社会资本减少相对贫困的作用进行了分析,但结论并不完全一致。Grootaert(1999)和 Grootaert(2001)利用分位数回归分析发现,在五个收入分位点上,农户的社会资本回报率随着分位的提高而降低,在最低收入群体(0.10分位)中的回报达到了最高收入群体(0.90分位)的两倍。Grootaert(1999)和 Grootaert(2001)还发现,社会资本能够降低贫困概率,小土地所有者的社会资本回报率也高于大土地所有者,因此他提出社会资本是"穷人的资本"。而来自中国的数据也表明,宗族网络对缓解村庄内部的收入差距扩大具有显著的正向作用,而且随着改革开放进程的加快,宗族网络对缩小收入差距所发挥的作用将越来越明显(郭云南等,2014)。与之相反,Zhang & Li(2003)发现"关系"强化了裙带联系,并造成了对那些不具备"关系"的人们在非农就业市场上的歧视,而 Rozelle(1994)和 Benjamin et al.(2002)发现非农机会的不平等导致了中国农村严重的收入不平等,这些研究意味着社会关系网络虽然可以减少农村的整体贫困,但是也可能拉大收入差距。赵剑治、陆铭(2009)发现社会关系网络具有扩大农村收入差距的作用,并且对收入差距的贡献达到12.1%—13.4%;在市场化和经济发展水平更高的中国东部地区,社会网络对于家庭收入的回报非但没有减弱,反而得到了明显的增强,因而对农村居民收入差距的贡献更高。他们还发现,对于市场化程度相对较低的中西部地区而言,社会网络在提高收入及收入不平等的贡献度中所发挥的作用明显低于东部地区,这在一定程度上反映了社会网络在扩大收入差距和加剧相对贫困方面的作用并非随着市场化进程的加快而减弱,而是与之相反。基于 Lin(2001)资本欠缺和回报欠缺两个作用渠道的分析思路,周晔馨(2012)使用中国 CHIPS 2002 数据检验发现社会资本是一个拉大农户收入差距的因素,因此倾向于证伪关于"社会资本是穷人的资本"的假说。以上实证结论之间具有不一致性,需要进一步检验并分析社会资本的作用机制。分歧的原因可能在于:(1)社会资本和收入的代理变量选取有所不同;(2)不同文献对内生性的处理有差别,社会资本具有内生性,除了 Grootaert(1999)、Grootaert(2001)、Grootaert et al.(2002)和 DiPasquale & Gläser(1999)等文献,很多研究都没有解决内生性问题,因而回归系数可能是有偏和不一致的,结论的稳健性还有待在未来的研究中提高;(3)基于不同国家的社会资本作用机制可能受到地域文化和市场化程度的影响。对于社会资本在影响收入差距和相对贫困方面的作用机制,目前的研究相对较新,非常值得继续深入研究。

第二节 社会资本与基于暂时-长期视角的贫困

(一) 社会资本与农村暂时贫困

暂时贫困,是指在某个时点观察到的、由于短期生活水平下降而引起的贫困(Jalan & Ravallion,1998,2000)。世界银行在千年发展报告中提出贫困产生的原因是某些个体或社会群体脆弱性高,即面临某些风险的可能性大,而且在遭遇风险时极易导致财富损失或生活质量下降到某一社会认可的水平之下,这个视角强调了暂时贫困的成因并可能因此导致长期贫困。在农民遭受负向的经济、健康和自然灾害冲击的风险时,如果社会资本能够提供基本的社会保障,将使他们免于因病因灾而致贫或返贫,从而陷入暂时贫困。很早就有研究发现,社会资本能够提供非正式保障,从而减轻或免受暂时贫困之扰(Yan,1996)。在发展中国家,尤其是农村地区,正式信贷及保险市场严重缺失或者不完善的现象普遍存在,各种基于社会资本的非正式风险分担安排相当普遍,并成为保障家庭平滑消费和规避暂时贫困的最重要方式。

较早从理论上验证在风险分担存在于非正式的保险机制(比如社会网络)中的是 Coate & Ravallion(1993)。他们基于正式保险制度和正规金融制度相对匮乏的环境,利用重复博弈模型,发现如果各个成员的收入水平都偏低、成员间收入分布非常不平等,或者各成员的风险偏好不同,那么非正式机制对风险分担的作用就会降低,从而验证了在风险分担中非正式机制发挥作用所需要的条件。Bramoullé & Kranton(2007)建立数理模型,进一步研究了风险分担在社会网络中的不对称性。他们发现,有效的网络能够间接地将所有人联系起来并提供完全的保险,但均衡网络只联系少数同类人,各个成员在网络中的地位和收益取决于成员间联系的深度和广度,从而解释了风险分担不对称的经验事实。而 Bloch et al.(2008)则基于信贷和保险市场相对落后的社会背景,从理论上研究了社会网络在非正规保险市场中所发挥的作用以及风险分担网络的稳定性。他们发现,在非正规保险市场中的网络成员可以相互转移、共享信息,抵御风险冲击,社会网络可视为风险分担网络;当转移支付是基于社会规范时,个人有激励进行支付;而且,网络的结构直接决定了风险分担网络的稳定性——紧密或者松散的风险分担网络均是稳定的,而中间状态的风险分担网络则不稳定。最新的研究则进一步地将社会网络结构与风险分担程度结合起来:Ambrus et al.(2010)发展了一个基于社会网络的非正式风险分担模型,发现具有多向联系的社会网络比单向联系的社会网络更广泛,使得成员间的风险分担变得更完全,而社会距离更近的社会成员间保险程度更高。他们还基于秘鲁村庄的案例,发现了存在着多向联系的社会网络结构及村庄内部完全的风险分担机制,从而为 Townsend(1994)关于社区或村庄内部存在完全风险分担的结论提供了经验证据支持。

社会资本,尤其是社会网络对于风险分担的作用,在亚洲、非洲、南北美洲都得到了很多经验研究的支持,这些研究尤其关注社会资本对平滑消费的影响。基于印度面板数据的研究发现,村庄中以血缘为纽带的亲属网络能为其成员提供资金转移,有效地减轻家庭收入冲击的风险以便平滑消费,而且在时间和空间上均具有持续性(Rosenzweig,1988;Rosenzweig & Stark,1989)。基于面板数据的分析还发现,印度的种姓网络能够提供一种担保或保险机制,成员间的转移支付或相互支持能有效克服暂时收入冲击而缓解成员间的收入不平等,提高家庭抵御风险的能力并使得消费更为平滑(Munshi & Rosenzweig,2009)。除非出现足够数量的消费平滑机制,那么在可预见的将来,种姓网络将继续在印度农村起着平滑消费的作用。对印尼的研究也发现,在遭受负向冲击时,邻里间的非正式保险往往非常重要(Sullivan,1994)。在对菲律宾北部村庄的研究中发现,风险分担并不存在于村庄内部,而是存在于由亲戚或朋友形成的社会网络中,主要表现为网络成员间的相互捐赠或借贷(Fafchamps & Lund,2003),而且村庄内家庭间相互保险社会联系的形成主要取决于社会距离和地理相邻性,家庭间收入风险的差距则只有微弱影响(Fafchamps & Gubert,2007)。在中国,信任更多地是在家庭、宗族、村庄等亚社会群体(sub-societies)等基础上的特殊信任(Fukuyama,1995)。在中国东部的研究中发现,通过标会这一非正式民间金融形式,村庄信任能够解决家庭突发性的紧急支出,从而对减少暂时贫困起到积极作用(Hu,2007)。农村的宗族网络是一种非常重要的社会信任网络,尤其是在具有宗法传统的中国农村。通过运用包含宗族祠堂和家谱信息的独特面板数据,郭云南等(2012)分析了中国村庄宗族网络对家庭平滑消费的影响,发现作为非正式制度的宗族网络的存在或其强度的增加为农村家庭提供了更完全的平滑消费,原因在于中国农村金融机构或信用合作社发展相对滞后,宗族外成员难以完全了解借款人的信用级别、风险偏好或偿还能力,宗族网络于是成为一种信用或担保机制,使得其成员能获得更多的私人融资。无独有偶,Angelucci et al.(2008)在拉丁美洲也有类似的发现。他们研究了墨西哥农村以姓氏为纽带的社会网络在家庭消费保险中的作用,发现相对于村庄内不存在社会网络的家庭,村庄内存在社会网络的家庭平滑消费程度更高,原因在于成员间能够沟通信息并相互支持。在关于南非及埃塞俄比亚的研究中,Carter & Maluccio(2003)和Mogues(2006)也发现了社会资本对于缓解负向冲击影响、平滑消费的积极作用。De Weerdt & Dercon(2006)运用坦桑尼亚村庄的调查数据进一步发现,村庄内并不能为家庭提供完全的风险分担,家庭的平滑消费是不完全的,但完全的平滑消费存在于社会网络中,这和Fafchamps & Lund(2003)在菲律宾的发现较为一致。他们还发现,社会网络越大,家庭的平滑消费程度将越完全。其中食物消费的风险分担是完全的,而非食物消费的风险分担部分存在于社会网络中。

然而,并非所有文献都完全支持社会资本能够平滑消费的观点。比如,Gertler et al.(2006)利用印度尼西亚家庭层面的纵向数据,对未及预料的家庭负向健康冲击下社会资本对消费能力保险作用的估计中,并没有发现支持社会资本对保证消费水平作用的证据,进而对由Grootaert(1999)和Grootaert(2001)提出的"社会资本是穷人的资本"这一命题提出了质疑。而且,随着经济和市场化的发展,社会资本的这种作用也很可能下降。对中国案例的研究发现,随着经济的发展,农村的家庭更注重于个体利益而非家族的整体利益,因此在互惠互利或风险分担中以血缘为纽带的亲属网络的作用并不明显,但风险分担、互惠互利的作用仍主要体现在血统较近的亲属网络中(Huang,1998)。基于2002年中国家庭收入调查(CHIPS 2002)的研究也发现,互助、公民参与和信任这三种社会资本并不能帮助农村家庭抵御自然灾害和平滑消费,证据显示社会资本在帮助农户分担风险和平滑消费上的作用随着市场化的深入而减弱(陆铭等,2010)。随着正式制度的发展和市场化进程的深入,社会资本的功能可能会随之改变(Stiglitz,2000),这也是解释许多经验研究结论不一致的一个重要理论视角。

(二) 社会资本与农村长期贫困

长期贫困,亦称为慢性贫困,是指在某个时点观察到的由于长期较低的福利水平产生的贫困(Jalan & Ravallion,1998,2000)。造成长期贫困的最重要原因包括经济、社会、政治和环境等四个方面。社会资本涉及经济、社会和政治,也与环境有关。社会资本的缺乏是造成长期贫困的一个重要原因,相反,社会资本的丰富以及对其的有效利用,则有利于减轻长期贫困。许多学者用"生计分析"(livelihoods analysis)方法分析长期贫困的原因,这种方法结合社会学、历史学、政治学、文化学和地理学的分析方法,并采用了贫困因素代际传导的分析框架(Hulme,2003),其中有很多因素与社会资本密切相关,比如:

传统、制度、权利规范、价值体系这些因素通过社会化和教育进行传导;社会地位(如家庭、团体、种姓、种族、民族、语言、长相等)通过亲属关系进行传导;而能否接近主要的决策者、政治资助人、公民的社会组织和发展机构这些社会资本,则通过社会中所处的地位进行传导。同时,代际传导也和社会排斥密切相关,社会排斥既是社会资本匮乏的结果,也是社会资本匮乏的原因。尽管社会关系、集体行动和地区组织可能将穷人结构性地不断排除在发展之外,社会资本的欠缺可能使得最穷困的农民陷入长期贫困而不能自拔(Cleaver,2005),但通过对相关研究的梳理,可以发现社会资本通过增加融资与创业、公共品提供、劳动力流动和新技术采纳等渠道,起着增加发展机会、促进经济增长同时提高农民收入的作用,从而能够减少农村长期贫困。不过,随着市场化程度的提高,社会资本的这种作用也在逐步降低。

1. 融资与创业

在大多数发展中国家和地区,贫困的家庭缺乏担保品,而关于他们信用水平的信息也非常缺乏,导致这个群体的借款者很容易在现实中被排除出正式的信贷市场,从而加剧了长期贫困的代际传递性。另外,在发展中国家和地区,由于正式制度未建立或者不健全,产权保护也相对较弱,这些问题使得解决农村的长期贫困问题面临非常不利的环境。社会资本能够促进正式和非正式信贷市场上的信贷,甚至起到保护产权的作用,促进融资和创业以增加穷人的发展机会,从而降低长期贫困的代际传递性,为减轻甚至消除长期贫困提供持续的动力。

首先,各种关系网络以及与之相联系的价值观等形式的社会资本,能够降低不确定性带来的成本,在正规的金融市场上可以使穷人更便利地获得信贷,从而改进发展中地区信贷发放的绩效(Bastelaer,1999,2000),帮助处于长期贫困境况中的贫民利用新的投资和发展机会,摆脱长期贫困陷阱。越来越多的金融机构以借款人的信誉或其归属的社会网络作为社会抵押品,以代替传统的物质或金融抵押品。诸如 Grameen 银行这类信贷发放体系的成功,除了可以归功于借款人的水平网络,对借贷双方之间的垂直或层级关系网络也极为倚重。Samphantharak & Townsend(2009)对泰国的研究也发现,亲属网络提供了网络成员的信用级别、风险偏好及偿还能力等方面信息,使其成员能够获得更多的正规金融机构融资,而且能将网络外的资源进行重新配置。

其次,除了在正规的信贷市场上发挥作用以外,社会资本还通过非正式金融,如各种形式的轮会(Rotating Savings and Credit Association,ROSCA)来起到为农村居民融资的作用,促进投资和创业,进而为解决长期贫困问题提供动力源泉。在印尼农村和城市,就有许多最早产生于非正式的轮转基金的社区组织,以及保留了轮转结构的规模更大的信用合作社(Eldridge,1995)。这样的轮转信用群体也受到了社会资本文献的广泛关注(Gertler et al.,2006;Putnam et al.,1993),比如 Hu(2007)对中国东部农村中标会运行机制的研究中,也发现了村庄信任对创业的正面作用。

再次,更重要的是,社会网络其实是一种隐形的担保机制,社会网络产生的信任能促进更多私人融资。亲属网络不仅能够缓解信不对称的问题,而且可以作为一种隐形的担保机制,因此在一个家庭从银行获得贷款后,这个家庭就可以将这笔贷款转移给难以获得银行贷款的亲戚,将正式融资转化为民间融资,从而提高家庭的投资水平。这得到泰国和秘鲁等国农村调查数据的支持(Karlan et al., 2009; Kinnan & Townsend, 2010; Samphantharak & Townsend, 2009)。在正规金融越不发达的地方,民间借贷对农民创办自营工商业所发挥的作用越大,依托亲友关系的非正规金融弥补了农村正规金融发展滞后的缺陷。马光荣、杨恩艳(2011)发现,中国农村个体工商业的初始投资和后续发展所需的资金很大程度上来自于亲友的借款,因为社会网络可以缓解信息不对称问题,从而促进民间借贷。

此外,在产权残缺甚至产权模糊的特殊条件下,社会资本也发挥着满足金融需求甚至保护产权的作用,从而促进了农村发展。在正式的产权法律模糊而摇摆、制度发育不全的渐进式市场化改革初期,宗族团结和信任通过对农村私营企业产权进行保护降低了交易成本,促进了中国农村私营企业的创立和发展,从而促进了经济增长(Peng, 2004)。在中国农村的现有残缺产权条件下,社会网络是农户平衡现金流、弱化流动性约束的重要手段,以社会网络为基础的民间借贷对满足农村金融需求有积极意义,但是农户民间借贷行为的规模和作用随社会转型和经济发展而趋于弱化(杨汝岱等,2011)。

2. 公共品提供

公共品的有效提供对农民人均收入水平及其消费水平的提高有重要作用,是突破农村贫困循环、解决农村长期贫困问题的重要手段。通过对教育的投入,能提高农村社会成员的文化素质;通过卫生和社会保障等的投入，能提高农村劳动力的身体素质；通过建设和改善农村基础设施、农产品流通市场，能够降低农村的社会生产成本。这些农村公共品对提高社会生产率和减轻长期贫困有着长期而深刻的影响。

社会资本是一种非正式制度，扮演着与正式制度互补的角色。村庄的宗族网络作为一种非正式制度，在农村公共品提供方面扮演着与村庄选举这种正式制度互补的角色，其不同的结构对公共品提供有着不同的影响，从而为解决长期贫困的相关政策提供了基于这一视角的经验证据。在中国农村，如果通过选举产生的村主任来源于该村最大姓氏，那么其任期内村庄自发的公共品投资数将会增加，这是因为其所属的宗族将会支持其政策并进行有效监督，使其更有效地行使权力。这种现象可归结为由宗族产生的非正式权威与由选举产生的正式权威之间相互重合、相互认可的"权威耦合"（Xu & Yao，2009）。有寺庙、教堂、宗族等民间组织形式社会资本的村庄，其公共品投资的水平明显高于没有这些组织的村庄，单一宗族的村庄会存在更多的公共品或服务的提供（Tsai，2007）。类似的情形也出现在印度的种姓制度和村庄选举中。在印度村级选举中，居于优势地位的种姓通过在种姓内部推选能干的领导并帮助其当选，从而会提高村庄公共品的投资水平（Munshi & Rosenzweig，2009）。在对印度南部村庄的研究中发现，比较均等的姓氏结构倾向于扩大公共品，但当选村主任的姓氏比例占据较大份额时，将会伴随着更多私人品的提供（Besley et al.，2004）。另外还有一些关于农村族群多样性（ethnic diversity）的研究，也类似于关于姓氏结构的研究。比如，Miguel &

Gugerty(2005)利用肯尼亚西部农村 667 个社区的调查数据发现,族群多样性会带来较差的公共学校设施建设及居民用水设施,族群多样性对集体行为产生的负作用主要体现在社会激励相对薄弱、族群之间存在搭便车的现象,并最终减少社区中对公共品的提供。

3. 劳动力流动

大量来自发展中国家和地区的实证研究发现,社会资本尤其是社会网络促进了农村剩余劳动力流动。贫困地区的劳动力迁移为打破长期贫困的恶性循环提供了强大的外部力量,已经成为改善和缓解农村人口贫困的重要途径,可以视作一种积极的反贫困行为。社会资本在其中的作用主要体现在促进信息传递和提供社会保险,并且在一定程度上影响工资水平。

社会关系在传递劳动力市场信息方面起着重要作用,对农民获得非农就业机会有着显著的影响。不同的关系类型有不同的作用(Zhang & Li, 2003),比如,有亲戚或朋友帮助的个人更可能选择外出打工并获得高薪非农工作,家里有村干部的个人则更可能获得当地的非农工作。研究也发现,早期的外出打工农民工在迁入地形成的社会网络,能为后续打工者提供各种就业信息,帮助后续打工者向城市迁移而找到高薪的非农工作(Zhao, 2003)。Chen et al.(2008)发现,村庄层面的外出打工率的增加能提高村民个体外出打工的概率,而且村庄外出打工率依赖于家庭与其他村民间社会互动的强度和类型:信息分享互动能够提升同行效应,而劳动互助则减少这种效应。即使使用土改时家庭的政治成分作为村民互动的工具变量处理后,这些结果也无明显改变。有趣的是,尽管以上研究发现中国的"关系"网络能够促进劳动力流动甚至找到高薪的工作,印度的种姓网络为其成员提供的相互支持却反而限制了转移到高薪工作的可能性。不过,当社区网络在新工作环境中形成之后,整个种姓网络都可能外移,形成的新网络能够提升成员的人力资本,因而带动成员摆脱低水平陷阱的困境(Munshi,2011)。较新的研究运用墨西哥-美国迁移数据,研究了迁移网络促进外出打工的具体机制(Dolfin & Genicot,2010),结果发现网络成员间能共享各种就业信息——这和Munshi(2003)的发现一致,还发现网络成员间相互提供融资,及在迁移目的地的互相关爱等,可以提升家庭和社区的外出迁移的可能性。

基于中国农业部农村经济研究中心的"固定观察点调查"和北京大学"村庄选举调查"的数据研究,郭云南、姚洋(2013)发现传统的家庭宗族网络强度会影响农民外出打工的可能性——相比于姓氏没有祠堂或家谱的家庭,在姓氏有祠堂或家谱的农民家庭外出打工的可能性更高。围绕着宗族网络而产生的往来礼金和礼物关系,又为宗族成员的劳动力流动提供了一种社会保险,从而促进外出打工。不过,以血缘为纽带的宗族网络作为传统农村的典型特征,其作用随着经济发展和社会转型趋于弱化。这种基于宗族的传统组织如宗族和现代市场制度之间的互动关系的发现,对于改进扶贫政策提供了新的实证证据。

社会网络不仅能够传递劳动力市场信息,而且在影响工资水平方面发挥了作用。第一条途径可能来自社会网络对劳动力市场的制度障碍的突破。佐藤宏(2004)基于中国的调查数据,发现社会网络在克服进入国有部门的制度障碍方面有重要作用,而且,它对于外出流动人员收入的影响因就业性质的不同而有所不同。第二条途径来自通过促进劳动力市场的流动性来达到。研究表明,社区层面的社会网络对农民工的外出就业及工资水平均无明显作用,家庭层面的社会网络并不能直接提高农民工在城市劳动力市场上的工资水平,只能通过增强农民工的流动性,使得他们能够跨越更远的距离,到达离经济增长的"核心"地区更近的劳动力市场,并在那里以更高的概率找到非农就业和找到更高工资的工作岗位(章元等,2008)。第三条途径和社会资本异质性及重新构建有关。尽管有研究认为,只有非常微弱的证据表明拥有更多的社会网络能够直接提高农民工在城市劳动力市场上的工资水平(章元、陆铭,2009),社会网络不能直接改变劳动力市场的均衡价格水平,它只能通过影响农民工的工作类型而间接地影响他们的工资水平。但进一步的研究表明,农户社会网络的异质性对就业者工资的影响也不容忽视,如章元等(2012)基于中国22个省的农户调查数据,发现只有利用亲友关系找到的工作才能够得到更高的工资,且只能显著提高女性和已婚民工的工资水平。叶静怡、周晔馨(2010)的研究也得出类似的结论,即农民工原始社会资本的大小对其增加城市收入没有显著影响,但是新获得的异质性社会资本对收入有正的影响。

4. 新技术采纳

长期贫困的一个重要原因在于环境资源约束。技术进步已经成为当今经济增长的主要源泉,对于农业资源条件不利的贫困地区而言,采用新的适用技术更应成为克服环境资源约束、减轻长期贫困的最重要的一种方式。但有不少研究表明，许多新技术在传播过程中仅仅取得了部分成功，而贫困地区在接受新技术速度方面更是慢于发达地区。基于宗族网络和村庄信任的农村社会资本有可能促进农业生产技术的普及和农业生产信息的传递，进而降低交易成本并分担村民的收入风险。这一观点得到了来自坦桑尼亚村庄的社会资本和家庭收入调查数据的支持（Narayan & Pritchett, 1999）。对莫桑比克农村的研究也发现，社会网络可以作为一种信息传递机制，农民是否采用新技术的决策依赖于其所属社会网络中其他农民的决策。相对于基于地缘的网络，这种决策更多和亲友网络相关，而且这种关系呈现倒 U 形：当采用者较少时，社会网络效应为正；如果社会网络中采纳新技术的农民很多，效应为负，从而降低收入风险（Bandiera & Rasul, 2006）。研究贫困地区社会资本对农民技术采用行为的影响，确定影响贫困农民接受新技术的社会资本因素及其作用方向和机制，对改进国家科技扶贫政策的制定十分有益。

第三节 研究展望

总的来看，社会资本在减轻农村的绝对贫困、暂时贫困和长期贫困中均起着非常重要的作用。现有文献几乎一致地支持社会资本能够减轻长期贫困的结论，关于减少绝对贫困和暂时贫困的作用则基本一致。对于相对贫困的影响，现有文献结论尚未取得比较一致的认识。未来的研究重点还可以在以下几方面进行。

1. 深化社会资本在减轻农村贫困中作用机制的分析，加强社会资本的经济学理论建模研究

回溯文献发现，现有研究更多地集中在网络、信任、规范等社会资本的经验分析，而对于社会资本和农民借贷、公共品提供、劳动力流动之间的关系，则缺乏系统深入的理论分析。同时，许多经验研究表明社会资本的作用是随着市场化发展而变化的，这也应该在未来的理论研究中得到重视。目前，有一些文献在社会资本变迁和投资行为模型化方面做了尝试，可以作为借鉴。比如，Gläser et al.（2002）的动态优化模型，可以用来分析劳动力流动中的社会资本投资决策和作用机制。总的来说，理论建模有利于我们理解社会资本的作用机制，也是未来的研究方向和难点。

2. 拓宽研究思路，进一步分析社会资本影响相对贫困的作用机制及其影响程度

从绝对收入水平看，我国农村的绝对贫困在改革三十多年以来逐渐得到缓解，但收入差距的逐步拉大使得相对贫困的人口数量越来越多，这已成为现阶段贫困状况的一个显著特征。相对贫困带给贫困人群的不平等感、压抑和愤懑比绝对贫困更加强烈，给社会带来的不稳定危害也更大。社会资本在贫困地区有正面作用，但并不一定是"穷人的资本"，反而可能加大收入差距从而加重相对贫困。因此基于社会资本进行相对贫困的研究，具有极为重要的现实意义，也可与经济学其他研究视角形成互补，共同推进反贫困的研究。

目前，关于社会资本对收入差距作用机制研究的文献仅是刚刚出现，多数研究主要遵循林南关于资本欠缺和回报欠缺的思路。现有

文献关于资本欠缺问题的实证研究结论较为一致,对于社会资本的回报欠缺对相对贫困的影响,理论和实证分析的结果则不尽一致。未来可以拓宽研究思路,比如利用基于回归的 Shapley 值分解、结构方程模型等手段,进一步分析社会资本对收入的作用机制及影响程度。

3. 社会资本的形式和功能随着市场化进程将会发生转变,研究这种转变对农村贫困的影响机制及其程度大小,对于反贫困理论和政策研究都具有重要的意义,将成为未来的研究重点

通过对文献的述评,可以发现社会资本在农村反贫困中的作用受到市场化水平的影响。在市场规模相对狭小、市场机制尚不完备的经济发展初期,作为非正式制度的社会资本在很大程度上能够起到弥补市场机制的作用。不过,随着市场的不断发展和深化,社会资本会遭受冲击和破坏,并最终被某种"社会共识"(tacit knowledge)取代,法律、规则等正式制度也会逐渐取代以社群为基础的关系网络的作用,社会网络资本的价值也会随之下降。此外,尽管随着市场化和经济的发展,原始社会资本减轻贫困的作用可能在减弱,但其本身的形式也在改变。也就是说,在与市场结合的过程中,新型的社会资本会出现并代替原始的社会资本,其功能也在发生相应的变化。由于发展中国家的农村处于城市化、市场化进程中,社会资本变迁速度较快,因此有必要借鉴 Coleman(1990)关于社会资本转换的思路来研究反贫困问题。

4. 针对农村贫困问题,改进农民社会资本的测量

在农村贫困问题中,关于社会资本作用的实证分析侧重点各不相

同。如有的文献使用农村居民的当地社团身份特征来表征网络社会资本,有的则基于礼金流动和亲属关系来表征。对农民社会资本的合理测量或度量,有利于更好地理解社会资本对就业、收入、社会经济地位提升等影响脱贫的传导机制,也有利于进一步发展和完善基于社会资本的反贫困理论。

针对农村的贫困问题,社会资本测量可以从以下几方面改进:首先,需要更准确地分离各种社会资本如信任、规范以及网络等的作用,以增强结论的可比性;其次,在各种社会资本中,尤其注意区分各种社会资本本身的异质性问题而不是笼统地分析,这样更能找出分歧之所在;最后,应该结合市场化进程和社会资本的转化,根据原始社会资本和新型社会资本的特点来改进测量指标甚至构建新的指标。

上 篇
农村中的社会资本与农户收入

第三章 社会资本在农户收入中的作用*

——基于中国家计调查（CHIPS 2002）的证据

关于农户收入决定因素的研究，文献通常更关注物质资本或人力资本，而忽略了社会资本的作用。在 Bourdieu（1983）、Coleman（1990）和 Putnam et al.（1993）等人提出并发展了社会资本概念之后，许多文献开始关注社会网络、信任和规范的经济回报，也不断有文献从社会资本的视角来分析农村家庭的收入和福利等问题（Groot-

---

* 本章最初发表于《经济评论》2013 年第 4 期，编入本书时略有文字上的调整。本章是国家社会科学基金项目"社会网络影响收入差距的理论、政策与实证研究"（12CJL023）和北京师范大学引进高层次人才科研启动经费项目"城市化进程中的三农问题研究"的阶段性成果。感谢匿名审稿人提出的建设性宝贵意见，感谢北京大学叶静怡教授、中国社科院涂勤研究员和付明卫博士、国家发改委张义博博士，以及北京大学何石军博士、瑞典 Lund University 郭银霞博士等提出的建设性修改意见。

aert et al.，2002；Narayan & Pritchett，1999；Sato，2006）①，甚至有经济学家提出社会资本是"穷人的资本"（Grootaert，1999；Grootaert，2001；Woolcock & Narayan，2000）。然而，作为一种重要的非市场力量，社会资本对农户收入本身到底有什么影响，现有文献却研究得不足，认识也是不清晰的。对这个问题的探讨，不仅能为相关的理论研究提供实证依据，而且对转型期中国促进有关农户收入增长和农民收入分配政策的完善也具有重要的现实意义。本章利用 CHIPS 2002 的微观调查数据，研究了社会资本对农户收入的影响，从而为相关政策提供了新的实证依据。

第一节 文献综述

按其包含的核心内容，社会资本可定义为"社会组织的特征，诸如信任、规范以及网络，它们能够通过促进合作来提高社会的效率"（Putnam et al.，1993）。社会资本被公认为是基于社会关系、网络和社团的制度和组织的，这些社会关系、网络和社团能够产生共享知识、相互信任、社会规范和不成文规则（Durlauf & Fafchamps，2005）。从层次划分上来看，社会资本可以从宏观、中观和微观来划分并定义。这三个层面并不互相排斥，根据讨论问题的不同，它们的作用各有侧重。从现有文献来看，社会资本对农户收入的影响主要体现在

---

① 把农户而不是农民个人作为一个经济体进行分析是一个合理的选择，Becker（1988）认为现代经济学忽视了家庭经济行为，主张以家庭为单位，将家庭中的生产、消费和劳动力供给等决策有机结合起来。

中观和微观层面。宏观层面的社会资本主要蕴含在国家和地区层面。①

中观层面的社会资本主要蕴含在社区和组织层面,体现为社会网络、信任和社会规范。Narayan & Pritchett(1999)研究了坦桑尼亚农村地区的社团关系和村庄社会规范,发现村庄社会资本对农户家庭收入有很大程度的、可信的影响,社会资本影响农户收入的直接渠道是更好的公共服务、更多的社区合作以及对信任的利用。这验证了Putnam et al.(1993)的观点:在一个共同体内信任水平越高,合作的可能性就越大。Sato(2006)发现村特质中的村内社会关系良好程度对家庭收入有显著的正效应。佐藤宏(2009)以村层面社会稳定程度为村级社会资本的代理变量,发现其对村庄人均收入增长率有显著的正向影响。② 张爽等(2007)发现公共信任能显著地减少农户的贫困,且不会随着市场化程度的提高而显著下降。

微观层面的社会资本主要体现为个体(家庭或个人)的社会网络③,社会网络本身也蕴含着信任和互惠规范的成分。许多微观研究已经发现社会资本有正的经济回报(Durlauf & Fafchamps,2005;

---

① 从宏观层面研究社会资本对收入影响的文献有 Knack & Keefer(1997)、Ishise & Sawada(2009)等。广泛使用的宏观层面社会资本变量有两个:一个是信任(Knack & Keefer,1997),另一个是社会发展综合指标(Adelman & Morris,1967;Temple & Johnson,1998)。但目前还没有出现研究宏观社会资本对农户收入影响的文献。

② 佐藤宏(2009)认为,在给定中国农村整体环境的条件下,社区层面的社团活动和家庭收入之间可能并不相关,因此,以村内社会关系良好程度的自我评估来代理村级社会资本。

③ 从微观视角看,社会资本理论关注个体与个体间的关系、个体行为的"嵌入性"、个体对社会资源的拥有和动员能力以及个体在社会网络中的位置等(Lin,1999)。Lin(1999)认为社会资源和社会资本是一对收敛的概念,他在实证研究的层面上使用社会资源概念,而在一般理论层面上使用社会资本概念。

Fafchamps，2006；Fafchamps & Minten，2002）。Grootaert(1999)、Grootaert(2001)和 Grootaert et al.(2002)发现了家庭层面的社会网络对于减少农户贫困的显著作用；蒋乃华、卞智勇(2007)发现农户的家庭社会资本对家庭劳动力非农从业的时间有正向效应；叶静怡、周晔馨(2010)基于微观的个人社会网络和互惠规范分析了农民工社会资本转换对其进城打工收入水平的影响，发现农民工新获得的异质性社会资本与收入呈正相关关系。不过，在市场化进程中，社会资本的作用也可能发生改变。张爽等(2007)发现社会网络能显著地减少农户的贫困，但随着市场化程度的提高，家庭层面的社会网络减少农户贫困的作用总体上来说会显著减少。

关于社会资本对农户贫困和福利的影响，国内外已经进行了许多研究，但缺乏社会资本对农户收入本身以及收入结构影响的揭示，而这将构成本章的主要研究方向。譬如，一类文献以家庭消费来代理收入变量，实际上更多地侧重对福利影响的研究，如 Narayan & Pritchett(1999)、Grootaert(1999)、Grootaert(2001)和 Grootaert et al.(2002)；另一类文献则研究村庄的人均收入增长率而非单个农户的收入，如佐藤宏(2009)；还有一类文献分析社会资本对农户贫困发生率的影响，以及对收入差距的影响，如张爽等(2007)和赵剑治、陆铭(2009)。这些研究从不同侧面加深了我们对社会资本在农户收入中作用的认识，但都没有估计对农户收入本身的影响。目前也有少量文献就社会资本对农户收入影响进行了研究。例如，黄瑞芹、杨云彦(2008)结合农村居民"讨论网"和"借钱网"的调查资料，估计了中国农村居民的工具性和情感性社会资本的经济回报率，发现前者具有较高的经济回报，后者的经济回报并不显著，亲缘关系是农村居民工具性社会资本的主要提供者；Sato(2006)在分析村庄特质对中国农村家庭收入影响的论文中，以村庄稳定性作为村级社会资本的代理变量，发现其对农户家庭收入有正的而且显著的影响。不过，他们都没有分析社会资本对农业和非农业收入的结构性影响。

相关研究普遍地从一两个方面来度量社会资本，并且缺乏对社会资本综合指数的研究。如果社会资本测量维度太单一，就难以对比不同维度间的不同作用，而且也不能展开不同维度之间相互作用的研究(周晔馨，2012；周晔馨等，2013)。Narayan & Pritchett(1999)在坦桑尼亚农村社会资本的研究中，只使用了村级社会资本，如社团关系和村庄规范。Sato(2006)在研究村特质对家庭收入的效应时，以及佐藤宏(2009)在研究村庄的人均收入增长率时，都是使用村内良好社会关系程度代表的社区社会资本这一个指标。Grootaert(1999)、Grootaert(2001)和Grootaert et al.(2002)在印度尼西亚和布基纳法索等地的研究中，均只使用了农户参与社团的特征。章元、陆铭(2009)和叶静怡、周晔馨(2010)只分析了个体层面的网络社会资本对打工收入的影响。黄瑞芹、杨云彦(2008)分析的维度是个体的工具性和情感性社会资本。采用更全面测量维度的是张爽等(2007)和章元等(2008)，但都是间接地研究对农户收入的影响——前者考察了村庄社会资本和家庭社会资本在市场化条件下对农户减贫的作用，后者研究了社区层面和家庭层面的社会资本对农民工工资水平的影响。在研究农户收入的决定因素时，如果同时考虑社区(村级)

和家庭两个层面的社会资本,将会更接近真实情况。① 采用相乘的办法构建社会资本指数是一种前提假定较为严格的方法,这种方法在Grootaert(1999)、Grootaert(2001)、Narayan & Pritchett(1999)和黄瑞芹、杨云彦(2008)等文献中均有使用,但估计出来的系数本质上是几个变量间的交互影响,不能等同于总体社会资本的影响。有的文献直接对社会资本指数和其他变量的回归系数进行比较,则是有误导性的,如黄瑞芹、杨云彦(2008),因为不同量纲的变量之间不能直接比较,更恰当的方法是比较标准化回归的估计系数。②

基于以上理由,本章采用了改进的测量——在村级和家庭两个层面引入了更多的社会资本维度,应用因子分析法构建了社会资本综合指数。③ 与既有文献相比,本章的其他不同之处还在于:首先,研究了社会资本对农户收入本身的影响及其途径,并估计了其与物质资本、人力资本的相对重要性。其次,估计了两个层面社会资本之间的交互作用,以及社会资本和物质资本、人力资本之间交互作用对农户收入的回报。本章还处理了交互项引致的严重多重共线性,结论有更强的稳健性。

---

① 当然,在实证分析中,经济、政治和社会地位的实际测量因社会甚至社区的不同而不同,位于某个给定地区有意义的社会资本测量方法是一个经验任务(Lin, 2001)。如有的研究以组织代理社会资本变量(Gläser et al., 2002;Narayan & Pritchett, 1999),而中国尤其在农村地区缺乏民间的组织,如果仅仅使用如此单一的代理变量,则难以真实反映社会资本的现实,对于中国问题的研究,应根据中国的具体情况来考虑社会资本变量。

② 当然,重要性也与自变量间的离散程度有关。标准化回归系数的比较结果只是适用于某一特定环境的,而不是绝对正确的。

③ 最新的文献见周晔馨(2012),但该文献分析的是社会资本对农户收入差距的影响,和本研究的研究主题不同。

第二节 数据来源、变量描述和模型设定

本章利用2002年中国家庭收入调查数据（CHIPS 2002）。该调查由中国社会科学院经济研究所CHIP项目组进行，覆盖了22个省级行政区（省、直辖市、自治区）[①]，包括961个行政村的9200个家庭，使用的抽样框是国家统计局所进行的农村住户调查的一个子样本，其中村级问卷由村干部（村支书、村委会主任或村会计）填写。

不同的村之间具有较强的封闭性，因此村级社会资本的异质性可能比较强。使用村级的关系融洽程度（villsc）作为村庄层面社会资本的代理变量，这接近Putnam et al.(1993)定义的信任。使用这个变量来代理村级社会资本，一方面和CHIPS 2002数据的特点有关，另一方面也可以和Sato(2006)、佐藤宏(2009)等的研究具有可比性。

对家庭层面的社会资本，使用家庭间的互惠规范和家庭的社会网络来表征。前者包括家庭的送礼支出（scinvest）和亲邻帮工时间（helpfarm），后者包括家庭是否有在城市生活或当干部的亲戚来代表社会网络异质性（citynet）以及农户参加的经济组织（sc_org）。网络的异质性更能体现网络社会资本的质量（边燕杰，2004），而参加经济组织可能会促进合作和信息互动。

对上述多个社会资本维度进行基于主成分的因子分析（PCA），使

[①] 包括北京、河北、山西、辽宁、吉林、江苏、浙江、江西、山东、安徽、河南、湖北、湖南、广东、广西、重庆、四川、贵州、云南、陕西、甘肃和新疆。

用 Thomson(1951)回归方法计算因子得分①,按照所有因子的方差贡献率进行加权,得到社会资本综合指数(index),计算公式如下:

$$\text{index} = \sum_{i=1}^{n}\left(f_i \cdot \lambda_i \Big/ \sum_{i=1}^{n}\lambda_i\right) \tag{3-1}$$

其中,n 为保留的因子个数,f_i 为第 i 个因子的因子得分,λ_i 为第 i 个因子的方差贡献率,$\lambda_i\big/\sum_{i=1}^{n}\lambda_i$ 为各成分的权重。具体来说,本章保留全部 5 个成分,并加权如下:

$$\text{index} = 0.2266 \times f_1 + 0.2059 \times f_2 + 0.2002 \times f_3 + 0.1855 \times f_4 + 0.1818 \times f_5$$

表 3-1 变量描述统计和含义

变量	变量含义和单位	观测点	均值	标准差
收入变量:				
ln_total	2002 年家庭总纯收入(元)的对数。	9 199	9.05	0.75
ln_farm	2002 年家庭农业净收入(元)的对数。	9 040	7.95	2.14
ln_nonfarm	2002 年家庭工资性就业和非农经营收入(元)的对数。	7 090	7.84	1.71
社会资本变量:				
villsc	村各小组关系融洽吗？+村各家族融洽吗？单个问题取值:很融洽=5;比较融洽=4;一般=3;不太融洽=2;不融洽=1。	8 533	7.66	1.45
scinvest	家庭社会资本投资(亲友邻礼物)(百元#)。	9 200	0.22	0.89
helpfarm	家庭为村里亲邻帮工时间(天/年)。	9 200	18.01	22.47

---

① Bartlett(1938)方法得到的因子是无偏的,而 Thomson(1951)回归方法得到的因子是有偏的;但 Bartlett 方法计算结果的误差较回归方法大,用回归方法计算的结果均方误(MSE)最小。

(续表)

变量	变量含义和单位	观测点	均值	标准差
citynet	关系较好亲友中,有在县城或城市里生活的吗？＋有在县以上城市当干部的吗？（单个问题取值：是＝1,否＝0）	9 197	0.78	0.76
sc_org	2002年参加过多少种类的经济组织？	9 174	0.19	0.55
index	农户的村级和家庭社会资本的综合指数。	8 510	0.00	0.45
家庭控制变量：				
fixasset	家庭物质资本：人均生产性固定资本（千元#）	9 200	1.23	3.52
edulab	家庭人力资本：劳动力的平均受教育年限（年）。	8 770	7.17	2.04
lnland	家庭人均耕地（亩）的对数。	9 200	0.11	0.97
lbrnum	家庭劳动力人数（人）。	8 800	2.58	1.09
labor100	2002年家庭非农工作超过100天的人数（人）。	7 177	1.14	0.90
cpc	家庭中党员人数（人）。	9 187	0.23	0.48
suppratio	赡养率（家庭人数/家庭劳动力人数）。	8 800	1.84	0.85
村、省控制变量：				
eduvillg	村劳动力的平均教育水平（年）。	9 120	7.24	1.19
incomvill	2002本村农民人均年纯收入（千元#）。	9 160	2.48	1.50
locate1,…,locate3	虚拟变量*,表示该村的地势：是＝1,否＝0。(1)平原,(2)丘陵,(3)山区。	9 180	—	—
prov1,…,prov22	虚拟变量*,表示22个省：是＝1,否＝0。	9 200	—	—

注：※ 假定villsc指标的回答"说不清"的农户和其他样本没有系统性差异,因此对回答"说不清"的农户,作为缺失值删除该条观测点数据。

♯ scinvest、fixasset、incomvill 的单位分别取为 100、1 000 和 1 000 元。一是为了适应农村情况,如送礼常常为 50 或 100 的倍数,固定资产以千元为单位、村的平均收入以千元为等级更适合；二是便于回归结果分析,但不会改变结论。

* 回归中地形虚拟变量组的基准变量为 locate3（山区）。

本章要研究的被解释变量是农户的家庭总收入,由 2002 年家庭总纯收入代表。为了进一步了解社会资本的作用途径,本章也研究社会资本对农户不同收入来源的影响,包括 2002 年的家庭农业净收入和家庭工资性就业与非农经营收入。

这里首先提出一个基本模型,即方程(3-2),这是现有文献中常用的农户收入模型。模型控制了现有文献中影响中国农村居民收入的重要变量(Andrew,2002;Morduch & Sicular,2000;Morduch & Sicular,2002;Wan,2004;Wan et al.,2006),包括家庭的人口学特征、物质资本、人力资本、政治资本等,并进一步控制了村庄特征,包括村庄人均人力资本、人均收入和地势,还使用省级虚拟变量控制了省级的固定效应。这些变量的计算方法与现有文献基本一致。Y 代表家庭收入变量,F 为家庭控制变量(包括物质资本 P 和人力资本 H),V 为村庄控制变量,Z 为省级行政区域虚拟变量。

$$Y_i = \beta_0 + \beta_F F_i + \beta_V V_i + \beta_Z Z_i + \varepsilon_i \quad (3-2)$$

接着,在基本模型上添加不同的社会资本变量,包括村级社会资本(VSC)、家庭社会资本(FSC)、社会资本指数(index)、村庄和家庭社会资本的交互项(CRS_SC)、社会资本分别和家庭的物质资本与人力资本的交互项(CRS_P、CRS_H),从而提出以下两组模型。

第一组模型分析农户的村级或家庭社会资本对其收入的直接影响。在方程(3-2)中分别添加村级社会资本、家庭社会资本,或者添加社会资本综合指数,得到方程(3-3)—(3-6):

$$Y_i = \beta_0 + \beta_{VSC} VSC_i + \beta_F F_i + \beta_V V_i + \beta_Z Z_i + \varepsilon_i \quad (3-3)$$

$$Y_i = \beta_0 + \beta_{FSC} FSC_i + \beta_F F_i + \beta_V V_i + \beta_Z Z_i + \varepsilon_i \quad (3-4)$$

$$Y_i = \beta_0 + \beta_{VSC} VSC_i + \beta_{FSC} FSC_i + \beta_F F_i + \beta_V V_i + \beta_Z Z_i + \varepsilon_i \quad (3-5)$$

$$Y_i = \beta_0 + \beta_{index} index + \beta_F F_i + \beta_V V_i + \beta_Z Z_i + \varepsilon_i \quad (3-6)$$

第二组模型分析农户两个层面的社会资本之间的相互作用,以及社会资本和物质资本、人力资本的相互作用如何对农户的收入产生间接影响。在基本模型方程(3-2)中添加 VSC、FSC 后,再进一步添加不同的交互项,构成方程(3-7)—(3-9):

$$Y_i = \beta_0 + \beta_{CSC} CRS\_SC_i + \beta_{VSC} VSC_i + \beta_{FSC} FSC_i$$
$$+ \beta_F F_i + \beta_V V_i + \beta_Z Z_i + \varepsilon_i \tag{3-7}$$

$$Y_i = \beta_0 + \beta_{CP} CRS\_P_i + \beta_{VSC} VSC_i + \beta_{FSC} FSC_i$$
$$+ \beta_F F_i + \beta_V V_i + \beta_Z Z_i + \varepsilon_i \tag{3-8}$$

$$Y_i = \beta_0 + \beta_{CH} CRS\_H_i + \beta_{VSC} VSC_i + \beta_{FSC} FSC_i$$
$$+ \beta_F F_i + \beta_V V_i + \beta_Z Z_i + \varepsilon_i \tag{3-9}$$

由于不是正态分布的收入经过取对数处理后将更近似正态分布,因此一般都对收入进行对数处理。本章的数据中因变量小于或等于 0 的观测值较多而且有的远远小于 0,最小的接近 $-8\,000$。比如,农业净收入小于或等于 0 的就有 182 户,取对数会产生较多的缺失值。这种情况下,为了进行对数收入回归,通常的一个处理方法是对收入加上一个不大的正数,使得所有的收入观测值都变为正数,以避免负值引起的对数观测值缺失。但本章的数据显示,需要对收入加上很大的正数(接近 $8\,000$)才行,因此对因变量添加一个较小的正数再取对数的常规方法在此不太适用。因此,本章使用一种更稳健的方式,在通常的对数处理方法基础上进行一个简单的转换,将收入变量 y 根据其取值区间分别进行处理,得到对数处理后的 y^*,这个转换是对称的并能够保持对数的性质,经过对数处理后,收入变量更接近正态分布,即:

$$y^* = \ln(y) \quad \text{if} \quad y > 1$$
$$y^* = 0 \quad \text{if} \quad -1 \leqslant y \leqslant 1$$
$$y^* = -\ln(-y) \quad \text{if} \quad y < -1$$

第三节 社会资本对农户收入的直接影响

本节使用稳健加权最小二乘法(Robust WLS,可简称为 RWLS)在回归方程(3-3)—(3-6)的基础上估计社会资本对农户收入的直接影响。该方法采用再加权最小二乘法加上 Huber 和双权数函数,并按 95% 的高斯效率调整,可以较好地解决异方差问题。经检验,社会资本各维度之间相关系数绝对值最大的仅为 0.089,社会资本各维度以及综合指数和各个控制变量之间相关系数绝对值最大的仅为 0.1421[①],因此在本章的回归方程(3-3)—(3-6)中可以排除社会资本变量存在严重多重共线性的可能。

(一) 社会资本各维度对农户总收入的直接作用及其途径

从表 3-2 中可以看到,村级社会资本的收入效应很明显。在加入家庭社会资本后,村级社会资本的效应均明显下降。这说明在以往的研究中如果没有控制家庭社会资本,有可能导致村级社会资本的作用被高估,如佐藤宏(2009)。在加入村级社会资本后,家庭社会资本变量的回报率对农业收入的回报率明显上升,这说明,如果不控制

---

① helpfarm 和 incomvill 之间的相关系数为 −0.1421。

村级社会资本,那么家庭社会资本对农业收入的作用将会被低估,如 Narayan & Pritchett(1999)。但城市社会网络的作用在总收入和非农收入中都有所下降,参与经济组织的作用在总收入中下降,而社会资本投资对非农收入作用上升而且显著。由于村级社会资本和家庭社会资本之间有一定的相关性[①],尽管不至于引起多重共线性,但遗漏任何一个,都将使估计参数产生偏误。村级社会资本对家庭的收入有显著影响,并且主要增加非农业收入。从表3-2可知,村内的融洽程度(villsc)每提高一个等级,对农村家庭年纯总收入的回报为正向影响,且在0.01的水平上显著(1.41%),对总收入的作用接近家庭的人均生产性固定资本(fixasset)增加1 000元的作用,约等于家庭劳动力平均受教育年限(edulab)增加1年的作用的一半。[②] 从影响收入的渠道来看,对农业收入影响不显著,对非农业收入影响显著(1.77%),接近家庭劳动力平均受教育年限增加1年对非农收入的一半贡献。这可能是因为融洽的村内关系有利于外出打工等信息的流动,从而有助于增加非农收入;而农村的生产同质性较强,村内关系融洽在引进新的农业生产技术或者农业产品方面的信息和资源流动作用不大,从而对农业收入的影响不显著。

家庭社会资本也有显著的直接影响,各维度对不同的收入来源产生不同影响。家庭社会资本的投资(scinvest)、农业合作规范(helpfarm)和经济组织参与程度(sc_org)对农业收入都有显著的影响。家

[①] villsc 和 sc_org、citynet、scinvest、helpfarm 的相关系数分别为 0.0302、0.0645、0.024、0.0157。

[②] 家庭人均物质资本(fixasset)、家庭人力资本(edulab)对总收入的年回报率分别为 1.94%、2.86%,均在 0.01 的水平下显著。

表 3-2 社会资本对农户的家庭总收入及其收入结构的影响

模型	(1)	(2)	(3)	(4)	(5)	(6)	(7)	(8)	(9)
因变量	ln_total	ln_total	ln_total	ln_farm	ln_farm	ln_farm	ln_nonfarm	ln_nonfarm	ln_nonfarm
回归方法	RWLS	RWLS	RWLS	RWLS	RWLS	RWLS	RWLS	RWLS	RWLS
villsc	0.0154***		0.0141***	0.0118*		0.0104	0.0190***		0.0177**
	[0.0041]		[0.0041]	[0.0065]		[0.0065]	[0.0074]		[0.0074]
scinvest		−0.00196	−0.00160		0.0204**	0.0236**		0.0161	0.0278**
		[0.0066]	[0.0073]		[0.0104]	[0.0114]		[0.0119]	[0.0131]
helpfarm		0.000165	0.000226		0.00249***	0.00254***		−0.00129***	−0.00123**
		[0.0003]	[0.0003]		[0.0004]	[0.0004]		[0.0005]	[0.0005]
sc_org		0.0262**	0.0275**		0.0374**	0.0410**		0.00285	0.00124
		[0.0111]	[0.0113]		[0.0178]	[0.0181]		[0.0202]	[0.0204]
citynet		0.0372***	0.0358***		0.00530	0.00655		0.0428***	0.0411***
		[0.0075]	[0.0077]		[0.0118]	[0.0122]		[0.0136]	[0.0140]
fixasset	0.0200***	0.0196***	0.0194***	−0.00299	−0.00399*	−0.00382	0.0137***	0.0139***	0.0139***
	[0.0015]	[0.0015]	[0.0015]	[0.0024]	[0.0024]	[0.0024]	[0.0027]	[0.0027]	[0.0027]
edulab	0.0307***	0.0285***	0.0286***	−0.000118	−0.00227	−0.00170	0.0421***	0.0399***	0.0406***
	[0.0035]	[0.0034]	[0.0035]	[0.0056]	[0.0054]	[0.0056]	[0.0064]	[0.0062]	[0.0064]
控制变量	是	是	是	是	是	是	是	是	是
N	6 397	6 850	6 384	6 267	6 711	6 254	6 201	6 640	6 188
R^2	0.469	0.469	0.470	0.295	0.299	0.300	0.530	0.526	0.531
调整后的 R^2	0.466	0.466	0.467	0.291	0.295	0.296	0.527	0.523	0.529

注:为节省篇幅,控制变量 lnland、lbrnum、laborl00、cpc、suppratio、locate1、locate2、eduvillg、incomvill、prov1、…、prov21 以及常数项的估计结果没有列出。方括号中的数字为标准差。*、**、*** 分别代表:$p<0.1$, $p<0.05$ 和 $p<0.01$。

庭社会资本的投资对于农业收入的影响较大(2.36%)。当然,回报还不止于此,如安全感和信息的流动都可能随着这种投资的增加而增加,因此对非农收入也有更大的增加(2.78%)。农业合作规范对农业收入的影响为正、对非农收入的影响为负,这可能反映了由于农村劳动力过剩,农户间的相互农业帮工的边际生产力很小,投入时间和劳动更多地是为了维系乡土社会资本,但是对收入影响都很小。

经济组织参与程度(sc_org)对家庭年总收入有非常显著的正向作用(2.75%),并且主要是通过农业收入来增加的(4.10%),但对非农收入则没有影响。这可能是由于这些社团中流动的信息主要是农业方面的。城市社会网络(citynet)的家庭社会资本对家庭年总收入有非常显著的正向作用(3.58%),对农业收入的回报率很小而且不显著,但对非农业收入有显著影响,略大于家庭劳动力平均受教育年限增加1年的影响。这可能是因为网络异质性有利于带来更多的非农收入机会。[1] 总的来看,参加经济组织的类型每增加一个,或者城市的异质性社会网络每增加一个单位,对总收入的作用均接近或大于家庭的人均生产性固定资本增加1000元或家庭劳动力平均受教育年限增加1年的作用。

从上述分析,可以合理推测,村级和家庭社会资本的这些特征体现了农村剩余劳动力的大量转移以及城市化进程的时代特点。

---

[1] 叶静怡、周晔馨(2010)也发现,在京农民工的收入不受在农村的原始社会资本的影响,但是显著地受到在京重新构建的新型社会资本的正面影响。非农收入可能更多地来自于打工收入,而这需要打工者在外构建新的个人社会资本,以突破原始社会资本高度的同质性。

(二) 社会资本综合指数对收入的回报率

以上分析发现,社会资本的多数维度有较强的总收入效应,并对不同收入来源有不同的影响。作者进一步猜想社会资本在整体上对农户的收入也是有显著影响的,因此构建了一个综合指数,来验证社会资本在整体上对收入的作用。构建方法为主成分分析,即对上述农户的村级和家庭社会资本进行标准化处理后,按照不同成分的方差贡献率,以公式(3-1)加权构建农户的村级和家庭社会资本的综合指数(index),也就是主成分综合得分。

稳健加权最小二乘法回归中社会资本指数是很显著的,社会资本对农户的总收入、农业收入以及非农收入都有显著的影响,而且对非农收入的作用最大,这反映了社会资本在经济转型中对农民收入尤其是非农收入的重要性。

比较表3-3中标准化回归的Beta系数可知,社会资本比较显著地促进总收入指标。社会资本指数的一个标准差变化对家庭总收入的影响大大高于物质资本和人力资本一个标准差变化的作用。[①] 同时,以上分析也佐证了,作为"资本"的社会资本,是一种可以作为投入品的东西,是可以与物质资本和人力资本平行的概念,而且是与某种特定社群相联系的资本(陆铭、李爽,2008)。

---

① 标准化回归得出的相对重要性,与某一特定的情况下,自变量间的离散程度有关。从表3-1中我们注意到,物质资本的波动程度较大,人力资本的波动程度较小,社会资本指数的波动程度也不大。因此,我们得出的相对重要程度是基本合理的,其中,人力资本因为波动不太大,其重要性可能稍微被低估了。

表 3-3 社会资本综合指数对收入的作用(标准化回归和稳健加权回归)

模型	(1)	(2)	(3)	(4)	(5)	(6)
因变量	ln_total	ln_farm	ln_nonfarm	ln_total	ln_farm	ln_nonfarm
回归方法	RWLS	RWLS	RWLS	Beta	Beta	Beta
index	0.0538***	0.0593***	0.0841***	0.0596***	0.0342	0.0372
	[0.0134]	[0.0211]	[0.0240]	[0.0164]	[0.0587]	[0.0412]
fixasset	0.0198***	−0.00317	0.0136***	0.00817***	0.00776	−0.00416
	[0.0015]	[0.0024]	[0.0027]	[0.0018]	[0.0066]	[0.0047]
edulab	0.0295***	−0.00161	0.0408***	0.0284***	0.00474	0.0378***
	[0.0035]	[0.0056]	[0.0064]	[0.0043]	[0.0157]	[0.0110]
控制变量	是	是	是	是	是	是
N	6 384	6 254	6 188	6 384	6 254	6 188
R^2	0.469	0.295	0.531	0.367	0.159	0.308
调整后的 R^2	0.466	0.292	0.528	0.364	0.155	0.304

注:为节省篇幅,本表中没有显示其他控制变量,包括:lnland, lbrnum, labor100, cpc, suppratio, locate1, locate2, eduvillg, incomvill, prov1, …, prov21, 常数项。方括号中的数字为标准差。 *, **, *** 分别代表:$p<0.1$, $p<0.05$ 和 $p<0.01$。

第四节 社会资本对农户收入的间接影响

社会资本各维度不仅对收入产生直接影响,也可能通过不同维度之间以及与其他资本之间的共同作用对收入产生间接影响。作者在基本模型上加入相应的交互项,使用第二组模型进行回归。一般来说,交互项和初始项之间有极高的相关系数,所以对线性相关性的判断和处理是非常重要的。但是,目前本研究所提到的实证文献对交互项的多重共线性均没有进行处理,其回归系数的方差可能很大而使得 OLS 估计并非有效,其结论难以保证稳健。处理多重共线性可以采取去掉不太重要的相关变量的方法,或者在保留相关变量的要求下,使用岭回归、主成分回归、一阶差分回归或对中(centering)等方法,这些方法各有其缺点和适用情况。本节使用对中方法来降低多重共线性,它适用于回归中出现二次项和交互项的情况。对中就是在创建多项式或乘积项之前先将相关变量减去均值。减去均值导致创建的新变量以 0 为中心分布,而且新变量与其的平方项或交互项的相关性会大大减弱,但随后的回归拟合优度与未进行对中处理的回归拟合优度是一样的(Hamilton,2006)。

(一) 村级社会资本和家庭社会资本间的互动对收入的作用

为了与未进行对中处理的情形进行区别,对中处理后的交互项均冠以字母 c,表示对中处理。表 3-4 中,cvil_invst、cvil_hfarm、cvil_org 和 cvil_city 分别是 villsc 和 scinvest、helpfarm、sc_org 及 citynet 的交互项,并经过对中处理。使用对中方法后,表 3-4 中交互项的方差膨胀因子(VIF)最大不超过 1.15,已经大大优于公认的 5 或 10 的标准。[①] 表 3-4 中 RWLS 和 OLS 的结果不尽相同。因为不论异方差是否存在,RWLS 都是稳健的,故接受稳健加权最小二乘法的结果。分析发现,交互项基本上都不显著,说明村级社会资本与家庭社会资本大多维度上的交互作用对农户收入的影响并不大,且在各种收入结构上都是如此。不过,RWLS 回归中 cvil_city 的系数比较显著而且数值较

---

① 应用 RWLS 方法时,Stata 软件不提供 VIF,因此这里根据 OLS 提供的 VIF 进行判断。有几个控制变量的 VIF 大于 5 但都小于 6,而且这些变量不是我们关注的。为节省篇幅起见,本研究未将对中前后的回归系数进行列表对比。因为对中大大减弱了多重共线性,所以其结果具有更强的稳健性。在针对多重共线性的意义上,本研究采信对中的结果。

大,可能是村庄融洽关系带来的信息流动加上城市亲友网络的帮助,加大了进城务工和找到更高回报工作的概率,说明这两个维度之间在提高非农收入上有较强的互补性。① OLS 回归中仅有 cvil_hfarm 显著,但回归系数的数值又太小,经济意义不大。

表 3-4 村庄社会资本和家庭社会资本的交互项对收入的作用

模型	(1)	(2)	(3)	(4)	(5)	(6)
方法	ln_total	ln_farm	ln_nonfarm	ln_total	ln_farm	ln_nonfarm
回归方法	RWLS	RWLS	RWLS	OLS	OLS	OLS
cvil_invst	−0.00495	0.000779	−0.000348	−0.00125	−0.00686	−0.00733
	[0.0049]	[0.0076]	[0.0087]	[0.0060]	[0.0213]	[0.0149]
cvil_hfarm	0.000121	0.000219	0.0000142	0.000297	0.00162**	0.000160
	[0.0002]	[0.0003]	[0.0003]	[0.0002]	[0.0008]	[0.0006]
cvil_org	0.00140	0.00203	−0.00130	−0.00239	−0.0108	0.00397
	[0.0019]	[0.0029]	[0.0034]	[0.0023]	[0.0082]	[0.0059]
cvil_city	0.00171	−0.00573	0.0281***	0.00167	0.0144	0.0185
	[0.0053]	[0.0083]	[0.0095]	[0.0065]	[0.0232]	[0.0164]
控制变量	是	是	是	是	是	是
N	6 384	6 254	6 188	6 384	6 254	6 188
R^2	0.470	0.300	0.532	0.370	0.161	0.310
调整后的 R^2	0.467	0.296	0.529	0.365	0.156	0.306

注:为节省篇幅,本表中没有显示其他控制变量,包括:villsc,scinvest,helpfarm,sc_org,citynet,lnland,fixasset,edulab,lbrnum,labor100,cpc,suppratio,electr1,…,electr4,locate1,locate2,eduvillg,incomvill,prov1,…,prov21,常数项。方括号中的数字为标准差。*,**,*** 分别代表:$p<0.1$,$p<0.05$ 和 $p<0.01$。

---

① 需要进一步讨论的是,可能有的农户全家都进城了,而我们的数据只是留在农村的,因此存在收入回报率低估的可能。

（二）村级社会资本和家庭物质、人力资本间的互动对收入的作用

对中处理后，villsc 与 fixasset 的交互项（cvil_fix）和 villsc 的相关系数降为 -0.0062，和 fixasset 的相关系数降为 -0.5182；villsc 对 edulab 的交互项（cvil_edu）和 villsc 的相关系数从 0.5813 降为 0.0253，和 edulab 的相关系数从 0.8296 降为 -0.0134。对表 3-5 中模型（1）改用 OLS 模型并检验 VIF，发现 VIF 大大下降：cvil_fix 为 1.73，cvil_edu 为 1.03，而 fixasset 为 1.78，edulab 为 1.54，villsc 为 1.09，对模型（2）—（6）做同样的检验，结果十分接近，均十分满足 VIF 标准。① RWLS 回归结果见表 3-5。

村级社会资本和家庭物质资本的交互项（cvil_fix）对家庭总收入不显著，但是对家庭非农收入很显著且回报率接近 1%，对农业收入的显著性程度较低且仅为 0.37%，说明它们之间的交互作用主要通过增加非农业收入来起作用。村级社会资本和家庭人力资本的交互项（cvil_edu）对总收入有较显著的正向作用，说明这两种资本在间接增加农户总收入的过程中有互补性，但回报率仅为 0.4%。

---

① 经检验发现，villsc 和 fixasset 的交互项（vil_fix）与 fixasset 的相关系数达到 0.9808，villsc 和 edulab 的交互项（cvil_edu）与 villsc 的相关系数为 0.8296，而对方程（7）进行 OLS 回归的 VIF 分别达到：vil_edu 为 44.39，vil_fix 为 37.20，fixasset 为 36.91，edulab 为 28.45，villsc 为 14.39，均大大超过 5 甚至 10 的可容许边界。

表 3-5 村庄社会资本和家庭物质、人力资本的交互项对收入的作用

模型	(1)	(2)	(3)	(4)	(5)	(6)
因变量	ln_total	ln_total	ln_farm	ln_farm	ln_nonfarm	ln_nonfarm
回归方法	RWLS	RWLS	RWLS	RWLS	RWLS	RWLS
cvil_fix	0.00202	−0.000892	0.00365*	0.00372**	0.00904***	0.00136
	[0.0013]	[0.0010]	[0.0021]	[0.0016]	[0.0025]	[0.0018]
cvil_edu	0.00397**	0.00299	0.00351	0.00356	−0.00102	−0.00199
	[0.0020]	[0.0020]	[0.0031]	[0.0031]	[0.0035]	[0.0036]
fixasset	0.0201***		−0.000148		0.0148***	
	[0.0019]		[0.0032]		[0.0037]	
edulab	0.0290***		−0.00109		0.0410***	
	[0.0035]		[0.0056]		[0.0064]	
villsc	0.0137***	0.0127***	0.0113*	0.0113*	0.0211***	0.0188**
	[0.0041]	[0.0042]	[0.0065]	[0.0065]	[0.0075]	[0.0075]
控制变量	是	是	是	是	是	是
N	6 384	6 384	6 254	6 254	6 188	6 188
R^2	0.470	0.450	0.301	0.301	0.530	0.524
调整后的 R^2	0.466	0.447	0.296	0.296	0.527	0.521

注:为节省篇幅,本表没有列出以下控制变量的回归系数:lnland, lbrnum, labor100, cpc, suppratio, locate1, locate2, eduvillg, incomvill, scinvest, helpfarm, sc_org, citynet, prov1, …, prov21 和常数项。方括号中的数字为标准差。*,**,*** 分别代表:$p<0.1$,$p<0.05$ 和 $p<0.01$。

(三) 家庭社会资本和家庭物质、人力资本间的互动对收入的作用

家庭的社会资本(scinvest, helpfarm, sc_org, citynet)分别和家庭的物质资本(fixasset)、人力资本(edulab)进行对中处理后,得到两组

交互项，分别是 cfix_inv、cfix_hfarm、cfix_org、cfix_city 和 cedu_inv、cedu_hfarm、cedu_org、cedu_city。

注意表 3-2 中家庭社会资本投资对年纯收入的回报不显著，这说明社会资本投资本身不直接提高收入水平，从表 3-6 的回归结果也发现它不能通过物质资本或人力资本来间接增加收入。农户物质资本和农业互助规范的交互项（cfix_hfarm）对总收入显著，主要通过农业收入实现，但影响系数均太小而不太具有经济意义。农户物质资本和参与经济组织的交互项（cfix_org）对总收入显著性不大且系数也很小，而且主要通过非农产业实现。农户物质资本和异质性网络的交互项（cfix_city）对农业收入有显著的正向回报，对总收入的影响系数为负但比较小，可能说明农户物质资本能通过城市异质性网络发挥更大的作用，进而促进农业增收。不同维度的社会资本指标跟物质资本的交互项大都显著，这表明家庭社会资本可以从多方面影响物质资本回报率。

尽管家庭人力资本和家庭经济组织参与程度的交互作用（cedu_org）对总收入没有显著影响，但分解来看，农户的人力资本可以在参与社会经济组织中促进农业收入，同时显著减少非农业收入。家庭人力资本和家庭的城市亲友网络的交互作用（cedu_city）对总收入影响不显著，但对农业收入负向影响较大且显著，说明这种交互作用可能会减少农业劳动投入，但有助于劳动力的乡城流动和城市化的发展。

表 3-6 家庭社会资本和家庭物质、人力资本的交互项对收入的作用

模型	(1)	(2)	(3)	(4)	(5)	(6)
因变量	ln_total	ln_farm	ln_nonfarm	ln_total	ln_farm	ln_nonfarm
回归方法	RWLS	RWLS	RWLS	RWLS	RWLS	RWLS
cfix_inv	0.000235 [0.0051]	0.00764 [0.0081]	0.00971 [0.0092]			
cfix_hfarm	0.000287*** [0.0001]	0.000734*** [0.0002]	−0.000240 [0.0002]			
cfix_org	−0.00342* [0.0018]	0.00452 [0.0030]	−0.01000*** [0.0039]			
cfix_city	−0.00538*** [0.0019]	0.0106*** [0.0030]	0.00349 [0.0035]			
cedu_inv				−0.00216 [0.0032]	0.000474 [0.0051]	0.00467 [0.0058]
cedu_hfarm				−0.000148 [0.0002]	0.000572** [0.0002]	0.000158 [0.0003]
cedu_org				0.00368 [0.0051]	0.0222*** [0.0085]	−0.0205** [0.0092]
cedu_city				−0.00125 [0.0038]	−0.0112* [0.0060]	−0.00983 [0.0068]
控制变量	是	是	是	是	是	是
N	6 384	6 254	6 188	6 384	6 254	6 188
R^2	0.476	0.300	0.530	0.471	0.302	0.532
调整后的 R^2	0.473	0.295	0.527	0.467	0.297	0.528

注:控制变量包括 villsc、scinvest、sc_org、citynet、helpfarm、edulab、lbrnum、fixasset、cpc、suppratio、locate1、locate2、eduvillg、incomvill、lnland、prov1、…、prov21 和常数项。为了节省篇幅,表中没有显示控制变量的回归结果。方括号中的数字为标准差。*、**、*** 分别代表:$p<0.1$、$p<0.05$ 和 $p<0.01$。

第五节 结论和讨论

本章就社会资本对农户收入的影响及其影响途径的研究,对处于转型期的中国培育和发挥农民社会资本,以改进社会的收入分配政策,提供了以下实证依据。

(1) 社会资本对农户的总收入有直接的正向影响,且社会资本的不同维度对农户的不同收入来源有不同的直接作用。从对农户总收入的作用来看,村级社会资本以及家庭社会资本中的城市异质性社会网络、参与经济组织的种类数都有非常显著的正向作用。从收入的来源看,村级社会资本和城市异质性社会网络对非农业收入的影响显著为正,农业帮工、参与社会经济组织种类数则对农业收入的回报为正且显著,家庭的社会资本投资对农业和非农业收入都有显著的正向作用。可见,应该根据不同目的来利用社会资本的不同维度。比如,在城市化进程中应该注重村级社会资本和个人的社会异质性网络的培育,而政府构建和谐农村也有利于发展农村经济;在农村发展农业产业过程中,应加强对社会经济组织的培养并鼓励农民参与适当的组织。

(2) 社会资本指数对家庭总收入、农业收入和非农业收入的影响都很显著,而且一个标准差变化的影响大于物质资本或人力资本一个标准差变化的影响。可见,社会资本对农户增收具有明显的相对重要性。这提醒我们,应改变在制定经济发展政策时只重物质、人力这些传统资本,而忽视无形社会资本的惯性思维。

（3）社会资本的多种交互作用能间接增加农户收入。① 村庄层面融洽程度有助于动员家庭层面城市亲友网络以提高非农收入；② 村庄层面融洽程度有利于增加农户固定资本的非农业和农业回报，同时也能使家庭人力资本在增加总收入的过程中发挥一定作用；③ 农户的物质资本能够通过家庭的城市网络显著地增加农业收入，而农户的人力资本可以在参与社会经济组织中间接增加农业收入，同时减少非农收入，并在异质性社会网络的交互作用下促进非农化的发展。因此，在中国的城市化进程中，要注重社会资本之间以及社会资本和物质资本、人力资本之间的配合，以取得政策的最优效果。

本章使用了综合指数，在一定程度上降低了潜在的社会资本内生性问题，但在未来的研究中仍可以改进。许多研究社会网络作用的文献存在着一个共同问题——未能很好地考虑社会网络的潜在内生性，从而导致估计结果有偏，尤其是基于中国数据的研究（章元、陆铭，2009），这是因为要找到一个好的工具变量并不容易。除了跨代积累，微观社会资本主要通过个体的投资行为形成（Gläser et al.，2002）。如果社会资本具有正的经济回报，那么作为理性人的农户就会进行投资，送礼支出、参加经济组织与社会网络等指标和收入指标之间就可能存在联立性，从而引起内生性，可能导致估计系数的有偏和不一致。本章涉及的社会资本变量及其交互项都较多，在调查数据中一般不可能找到数量足够多而且性质良好的工具变量。将来可以重点研究某一种社会资本影响农户收入的机制，这样可以深入分析单个社会资本维度影响农户收入的过程，也有利于解决内生性问题。

第四章 社会资本是"穷人的资本吗"?

——基于中国农户收入的经验证据*

自从 Bourdieu(1983)、Coleman(1990) 和 Putnam et al. (1993) 等人先后提出并发展了社会资本概念以来,社会资本在经济发展尤其是在农村发展中的作用日益得到重视。许多研究发现社会资本能够在减少贫困或改善收入分布方面发挥作用(Abdul-Hakim et al.,2010;Grootaert et al.,2002;Knack & Keefer,1997),更有研究认为

---

* 本章最初发表于《管理世界》2012 年第 7 期,编入本书时略有文字上的调整。本章系国家社科基金项目"社会网络影响收入差距的理论、政策与实证研究"(12CJL023)的阶段性成果。作者感谢 Lund University 的 Sonja Opper 教授以及北京大学的叶静怡教授和付明卫、何石军、张义博、尹志锋等博士给本文提出的宝贵修改意见,非常感谢谭藤藤在编程等方面的支持。作者文责自负。

穷人的社会资本回报更高、有利于穷人减轻贫困，因而提出社会资本是"穷人的资本"的假说（Grootaert，1999，2001；Woolcock & Narayan，2000）。不过，也有文献不支持这种说法。譬如，Gertler et al.（2006）最早提出质疑，并验证了对遭受意外负向冲击的家庭，社会资本并不能够平滑其消费；赵剑治、陆铭（2009）发现社会网络有扩大农户收入差距的作用；而Cleaver（2005）则发现社会关系、集体行动和地区组织不断将穷人结构性地排除在外，穷人并不能依靠社会资本来减轻贫困。从内涵上理解，"穷人的资本"强调了社会资本对穷人或贫困地区特别有利。这可以基于穷人和富人之间社会资本的拥有量和功能的比较来检验，而且应该从减少贫困、收入、信贷、保险、就业、可持续发展等多方面进行。不过，核心仍然应该是收入差距的缩小问题，因为以上各方面都是以收入为中心的。只有让穷人拥有更多的社会资本或者更大的回报率，社会资本才能成为减小贫富之间收入差距的一种力量。现有文献对这个问题的检验仍然是不足的，而对这一问题的研究有助于理解社会资本的运行机制，也有助于扶贫政策的改进。

本章使用2002年中国家庭收入调查（CHIPS 2002）的农村家庭和行政村数据，从社会资本的存量和回报率两个渠道检验了社会资本对收入差距的作用。与既有的研究相比，本章不同之处在于：首先，分析了中观村级和微观家庭社会资本的多个维度并构建了综合指数，这些维度包含了社会资本的核心要素——信任、网络和合作规范；其次，描述了社会资本在不同收入群体间的分布，在99个分位点上进行分位数回归并首次获得了较为完整的社会资本回报率分布特征;最后,首次检验了社会资本的作用是否随着地区收入水平的上升而减弱,并区分了市场化水平和收入水平的提高对社会资本作用变化的不同影响。本章利用分位数回归减轻异常值影响,分析处理了交互项引致的严重多重共线性问题,并使用了不同的分组标准,结论更为稳健。本章的研究几乎没有发现支持该假说的证据,反而倾向于证伪该假说:低收入农户在社会资本的拥有量和回报率两方面都低于高收入农户,从地区差别来看也有利于富裕地区农户,可见社会资本是拉大农户收入差距的因素。本章对这种收入差距来源的进一步分解,有利于更深入理解社会资本的作用机制。

第一节 文献综述和假设

近年来,不断有文献发现社会资本在贫困地区或人群中起多方面的积极作用。这些文献的分析视角有的来自宏观方面[1],但更多的来自微观。比如,增加穷人收入(Grootaert, 1999; Grootaert, 2001; Ishise & Sawada, 2009;叶静怡、周晔馨,2010)、减少贫困发生率(张爽等,2007)、抵抗自然灾害的负向冲击以平滑消费(Carter & Maluccio, 2003)、使穷人更方便地获得信贷并降低信贷成本(Bastelaer, 2000)、保护产权(Peng, 2004),等等。这些文献更多是关注社会资本是否对穷人有用,只有少数文献关注社会资本是否对穷人更有利,

---

[1] 比如,Ishise & Sawada(2009)基于 MRW 模型(Mankiw et al., 1992),将经典的 Solow 模型进行了再拓展,发现在发展水平低的经济体里社会资本的经济回报率更高。他们强调的社会资本——共享知识(shared knowledge)——包含在 Durlauf & Fafchamps (2005)归纳的被普遍接受的社会资本定义框架内。

或者是否能够缩小收入差距(Grootaert,1999;Grootaert,2001;Grootaert et al.,2002;赵剑治、陆铭,2009)。

由于社会资本对穷人可能特别有利,或者能够在正式制度缺失的情况下发挥作用,在传统农村社会能够缓解贫困,从而被Grootaert(1999)、Grootaert(2001)和Woolcock & Narayan(2000)等认为是"穷人的社会资本",这一说法从内涵上特别强调了社会资本对穷人或贫困地区的特殊作用。世界银行的研究报告认为,穷人的家庭社会资本可以集中粮食、信贷、小孩照顾等资源,用来抵抗诸如健康、恶劣天气、政府削减投资等冲击;贫困的人们是否拥有社会资本,将决定他们能否创立小型的企业和能否增加收入。是否拥有社会资本,对这些贫困的人们来说,还常常意味着生存和绝望的区别。① Grootaert使用分位数回归分析发现,社会资本的回报率在几个收入分位点上随着分位的提高而降低(Grootaert,1999),在最低收入群体(0.10分位)中的回报是最高收入群体(0.90分位)的两倍,Probit分析发现社会资本的确降低了贫困概率,小土地所有者的社会资本回报率也高于大土地所有者(Grootaert,2001),因此Grootaert认为社会资本是"穷人的资本"。Grootaert et al.(2002)对布基纳法索农村的研究进一步发现,社会资本的分布比其他资本更平均②,因此对穷人相对有利,社会资本回报率对穷人或那些拥有更少土地的人而言更高。从另一方面看,如果社会资本对贫困地区更有利,但是作用随着地区收入

---

① 世界银行网站,2010。http://www.worldbank.org。
② Grootaert(2001)认为社会资本分布是相对均匀的,但仍然承认是从穷到富增加的,而且最富的人群比最穷的人群高出30%。他发现社会资本和受教育年限的分布接近,比土地和物质资本的分布均匀得多。

水平的上升而下降,也说明社会资本是有助于减少地区间相对贫困的。

Grootaert 提出了一个非常有趣而且重要的问题,但这个假说也引起了争议。Gertler et al.(2006)利用印度尼西亚家庭层面的纵向数据(longitudinal data),估计了未及预料的负向健康冲击下社会资本对家庭消费能力的保险作用,但是没有发现社会资本保证消费水平的证据,从而最早对 Grootaert(1999,2001)提出质疑。陆铭等(2010)也发现,互助、公民参与和信任并不能帮助家庭抵御自然灾害和实现平滑消费,他们的解释是,随着市场化进程的深入,社会资本分担风险的作用下降了。进一步地,他们认为 Grootaert 仅仅对社会资本的回报在不同收入分位人群中的差别做了比较,而没有计算社会资本对于收入差距指标的影响,因而不能证明社会资本就是"穷人的资本"。赵剑治、陆铭(2009)发现社会"关系"有扩大收入差距的作用,其对收入差距的贡献达到 12.1%—13.4%;在市场化和经济发展水平更高的中国东部地区,社会网络对于家庭收入的回报不但没有减弱,反而得到了明显的增强,使得社会网络对于农村居民收入差距的贡献更高。他们还根据收入进行五等分组,发现高收入组别的社会网络回报率显著更高。Grootaert(1999,2001)的研究也表明社会资本在群体中的分布与收入存在正相关关系,说明社会资本对高收入人群可能也很有利,这削弱了他关于"穷人的资本"论点的说服力。

上述的经验分析存在着分歧,但着眼点在本质上是相通的,需要进一步的检验。Grootaert(1999,2001)主要从回报率上提出该观点,那些不支持其结论的文献则从收入差距和对穷人是否有用上来分析。进一步的分解可知,社会资本能否缩小收入差距,实际上可以从穷人能否通过社会资本得到更多的经济回报,即从资本的拥有量乘以回报率的视角来分析。尽管有不少文献证明社会资本对穷人有正向的收入回报,但如果不进行各种收入水平下的社会资本拥有量和回报率的对比,是难以得出社会资本是"穷人的资本"结论的。虽然村级社会资本对农户家庭收入有很大程度的、可信的正面影响(Narayan & Pritchett,1999),但农户内部也有贫富差别,在社会资本拥有量相等的条件下,如果穷人的回报率比富人更高,那么社会资本的确能够起到减少收入差距的作用,从而具有"穷人的资本"的特征。社会资本的隐含保险功能也是一种回报,但比较间接。如果它对穷人完全不能起到消费平滑或其他保险功能,则类似于回报率为零。这种对社会资本作用的分解思路正是著名社会学家 Lin(2001) 所提出并强调的:社会资本不平等对收入不平等的影响主要通过两个渠道——资本欠缺和回报欠缺。资本欠缺主要指由于投资和机会的不同导致不同群体拥有不同质量和数量的资本。穷人是否存在社会资本的资本欠缺,其实就是社会资本拥有量在不同收入群体中的分布问题。回报欠缺是指由于群体间动员策略、行动努力或制度性反应的不同,而导致一定量社会资本对于不同的个体产生不同的回报。穷人是否存在社会资本的回报欠缺,其实就是社会资本回报率在不同收入群体中的分布问题。[①]

为了检验"社会资本是穷人的资本"这一命题是否成立,我们需

---

① 比如,Lin(2001)通过对中国城市居民数据进行分析,发现男性的收入相对女性收入更高,不但是因为男性更容易获得更多的社会资本,而且即便是男性和女性拥有类似的社会资本,男性的社会资本回报率也比女性要高。

要从相关文献中提炼出两对待检验假设。首先,穷人和富人的社会资本孰多孰少?一方面,社会资本产生于相互性社会作用,具有时间密集型的特点。和富人相比,穷人的时间机会成本更低,拥有的金融资产和物质资本更少,因而穷人可能更依赖社会资本,因此可能在某些社会资本的拥有量如社团、组织参与方面具有一定的优势(Collier,2002)。另一方面,穷人在社会资本的积累方面也具有多方面的劣势:第一,社会资本也是需要投资的,如关系、网络社会资本,显然,穷人缺乏相应的投资能力。第二,在社会资本形成的社会性相互作用中,知识外部性的作用机制是模仿和共享。模仿是降低贫困程度的有力武器,但是穷人在模仿高收入者方面存在一定的障碍。共享的作用是互惠的,因此,在富人建立私人信息共享的过程中存在排挤穷人的倾向。第三,社会资本通过重复交易减少机会主义行为,但是重复交易的一个作用是排除新的进入者,这对穷人也不利(Collier,2002)。基于上述正反两方面分析,可归纳出下面的待检验对立假设。

假设 1:H_0 穷人和富人拥有的社会资本数量相等;H_1 穷人拥有更少的社会资本。

其次,与富人相比,穷人的社会资本回报率孰高孰低?一方面,社会资本作为一种投入要素或一种资本(Narayan & Pritchett,1999),也应该服从边际产出递减这一普遍规律,即它的回报率会随存量的增加而先增加,达到一个顶点后开始减小。如果穷人拥有的社会资本更少,那么相对富人而言,穷人的社会资本有可能会有更高的回报率。而且,社会资本是通过规则和规范来实现集体行动,这类社会资本可能对穷人更有利,因为穷人投资于其他替代物的能力更低,于是更多地依赖于社会的规则和规范(Collier,2002)。另一方面,按照达高性、异质性和广泛性来测量,穷人缺乏高质量的社会资本(Lin,2001),穷人能够获取和动用的社会资源劣于富人(Lin,1999),因此社会资本对穷人的回报低于富人的回报也是有可能的。两种相反方向的力量叠加后,到底哪方面起主导?以上问题也需要用经验研究来回答,因此本章提出下面的待检验假设。

假设 2:H_0 穷人和富人的社会资本回报率相等;H_1 穷人的社会资本回报率更低。

现有经验研究可以从两方面加以完善。首先,相关文献对社会资本的测量范围较狭窄,一般只考虑了家庭层次,对集体层次的村级社会资本关注较少,综合指标也有待改进。Grootaert(1999,2001)使用农村居民的当地社团身份特征(memberships in local associations)来表征社会资本,Grootaert et al.(2002)又增加了一个新的指标[1],这些指标均集中考察社团因素的影响。在中国,尤其是在中国农村地区,社团是相对缺乏的,如果只研究这个维度,可能有失偏颇。赵剑治、陆铭(2009)的社会资本测量则基于社会网络。[2] Grootaert(1999,2001)、Grootaert et al.(2002)使用"社团的密度"、"内部异质性"和"决策的实际参与"三个维度的交互项来构建社会资本综合指数[3],这

---

[1] Grootaert(1999,2001)的指标包括:社团的成员的密度、内部异质性、会议参与、实际决策参与、会费支付方式以及社区发起倾向,Grootaert et al.(2002)增加的指标是组织形式。

[2] 选取了两个指标:一是"家庭关系亲密的亲友在政府部门工作"和"家庭在城里经常联系的亲友"的人数总和,二是"去年婚丧嫁娶、生日送礼支出"和"去年春节购买礼品支出"的总和再除以该家庭日常支出的比值。

[3] 使用相乘得到的指数意味着三个维度是相互影响的,比如,异质性可能依靠农户参与社团的数量来发挥不同的效应。

种构造方法的一个后果是各维度在综合指数中的权重会受其量纲（scale）的影响。其次，相关文献在趋势分析、分组方法和代理变量选取等方面尚欠稳健。Grootaert(1999)和 Grootaert et al.(2002)在五个分位点、Grootaert(2001)甚至只在 0.10 和 0.90 两个分位点进行分位数回归分析，在存在某些异常值的情况下，仅仅几个分位还不能稳健地说明趋势确实存在——尽管这些分析突破了以往研究将社会资本的影响平均化的局限，从而有利于深入研究社会资本对异质性人群的不同影响。赵剑治、陆铭(2009)尝试将人群根据其收入分为五等分组，但是按收入进行等分分组可能导致各组观测值的个数差异很大[①]，不如分位数分组合理。Grootaert(1999，2001)以消费量作为收入的替代变量，尽管是常常使用的方法，如 Narayan & Pritchett(1999)等，但在边际消费倾向递减的条件下，消费和收入之间并不是线性关系，而且消费本身也有刚性，结论的稳健性还有待商榷。同时，消费还可能受到社会资本的平滑作用影响(Carter & Maluccio,2003)，在这种情况下，如果用消费量作为收入的替代变量，就更难以识别社会资本对收入的回报率。

本章利用 CHIPS 2002 数据，以中国农村家庭为研究对象，对提出的两组对立假设进行检验。本章和既有文献不同之处在于：(1) 同时分析了集体(村级社区)和个体(微观家庭)两个层面的社会资本，并用基于主成分的因子分析方法消除了量纲的影响，得到更合理的社会资本综合指数，在改进了农户社会资本测量的基础上进行

---

① 即使先进行分位数分组再进行 OLS 回归，也不如直接做分位数回归好，因为分位数回归本身能够改善回归中异常值的不良影响。

检验;(2)在 99 个分位点上的社会资本回报率的分位数回归结果基础上更稳健地估计了回报率随收入水平的变化趋势;(3)检验了社会资本的作用是否随着地区收入水平的上升而减弱,并区分了市场化水平和收入水平的提高对社会资本作用变化的不同影响。本章利用的分位数回归减轻了异常值影响,并采用了不同的分组标准,对交互项的多重共线性进行了处理,结论具有较强的稳健性。

第二节 数据来源和变量描述性统计

本章利用 CHIPS 2002 的农村家庭和行政村数据。CHIPS 2002 数据覆盖了 22 个省级行政区(省、直辖市、自治区)[①],农村数据包括 961 个行政村的 9 200 个家庭,使用的抽样框是国家统计局进行农村住户调查的一个子样本,其中村级问卷由村干部填写。CHIPS 2002 的 22 省(市、区)农户纯收入基尼系数达到 0.36,接近 0.40 这个国际"警戒线",反映出农村内部有较大的收入差距。[②]

社会资本可以从宏观、中观和微观来划分,按其包含的核心内容又可定义为"社会组织的特征,诸如信任、规范以及网络"(Putnam et al. ,1993)。本章研究的影响农户收入的社会资本因素,包含了中观社区(村级)和微观家庭两个层面。村之间一般来往不多,异质性可能比较强,因此作为中观层面的村级社会资本可能具有重要的意义。

[①] 包括北京、河北、山西、辽宁、吉林、江苏、浙江、江西、山东、安徽、河南、湖北、湖南、广东、广西、重庆、四川、贵州、云南、陕西、甘肃和新疆。

[②] 这个警戒线是针对全体居民的,而我国仅仅农村内部的基尼系数就达到 0.36,说明我国贫富差距问题的确严重。

村庄层面的社会资本(villsc)使用村级的关系融洽程度表征,这和佐藤宏(2009)的测量是一致的,并接近 Putnam et al. (1993)定义的信任。对家庭层面的社会资本,使用家庭间的互惠、合作规范和家庭的社会网络来表征。前者包括家庭的亲戚、朋友和邻居的送礼支出(scinvest)、村里亲邻帮工时间(helpfarm),后者包括家庭是否有在城市生活或当干部的亲戚来代表社会网络异质性(citynet),以及农户参加的经济组织种类数(sc_org)。网络的异质性更能体现网络社会资本的质量(边燕杰,2004),而参加的经济组织对于合作和信息互动可能有良好的作用。① 相关变量的含义和描述统计见表 4-1。

表 4-1 变量描述性统计和含义

变量	变量含义和单位	观测点	均值	标准差
收入变量:				
totalinc	2002 年家庭总纯收入(元)。	9 199	10 697.82	8 588.26
社会资本变量:				
villsc	村各小组关系融洽吗?+村各家族融洽吗?单个问题取值:很融洽=5;比较融洽=4;一般=3;不太融洽=2;不融洽=1。$	8 533	7.66	1.45
scinvest	家庭社会资本投资(亲友邻礼物)(百元#)。	9 200	0.22	0.87
helpfarm	全家村里亲邻帮工时间(天)。	9 200	18.01	22.47
citynet	关系较好亲友中,有在县城或城市里生活的吗?+有在县以上城市当干部的吗?(单个问题取值:是=1,否=0)	9 197	0.78	0.76
sc_org	2002 年参加过多少种类的经济组织?	9 174	0.19	0.55

---

① 国内对社会资本的研究一般都排除了对经济组织的研究,这可能和数据的可获得性有关。

(续表)

变量	变量含义和单位	观测点	均值	标准差
index	农户的村级和家庭社会资本的综合指数。	8 510	0.00	0.45
家庭控制变量：				
fixasset	家庭物质资本：人均生产性固定资本（千元#）。	9 200	1.23	3.52
edulab	家庭人力资本：劳动力的平均受教育年限（年）。	8 770	7.17	2.04
lnland	家庭人均耕地（亩）的对数。	9 200	0.11	0.97
lbrnum	家庭劳动力人数（人）。	8 800	2.58	1.09
labor100	2002年家庭非农工作超过100天的人数（人）。	7 177	1.14	0.90
cpc	家庭中党员人数（人）。	9 187	0.23	0.48
suppratio	赡养率（家庭中人数/家庭劳动力人数）。	8 800	1.84	0.85
村、省控制变量：				
eduvillg	村劳动力的平均教育水平（年）。	9 120	7.24	1.19
incomvill	2002本村农民人均年纯收入（千元#）。	9 160	2.48	1.50
electr1，…，electr5	虚拟变量*，表示该村通电年代：是＝1，否＝0。(1) 1969年以前，(2) 1970—1979年，(3) 1980—1989年，(4) 1990—1998年，(5) 1999年以后通或一直没通电。	9 200	—	—
locate1，…，locate3	虚拟变量*，表示该村的地势：是＝1，否＝0。(1)平原，(2)丘陵，(3)山区。	9 180	—	—
prov1，…，prov22	虚拟变量*，表示22个省：是＝1，否＝0。	9 200	—	—

注：$ 假定对 villsc 指标回答"说不清"的农户和其他样本没有系统性差异，因此对回答"说不清"的农户，作为缺失值删除该条观测点数据。

scinvest、fixasset、incomvill 的单位分别取为 100、1 000 和 1 000 元。一是为了适应农村情况，如送礼常常为 50 或 100 的倍数，固定资产以千元为单位、村的平均收入以千元为等级更适合；二是便于回归结果分析，但不会改变结论。

* 本章回归中的基准变量：通电时间虚拟变量组为 electr5（1999 年以后通或一直没通电）、地形虚拟变量组为 locate3（山区）。

作者对上述多个社会资本维度进行了基于主成分的因子分析,使用 Thomson(1951)回归方法计算因子得分,按照所有因子的方差贡献率进行加权,得到社会资本综合指数(index),计算公式为

$$\text{index} = \frac{1}{\sum_{i=1}^{n} \lambda_i} \Big(\sum_{i=1}^{n} \lambda_i f_i \Big),$$

其中 n 为保留的因子个数,λ_i 为第 i 个因子的方差贡献率,f_i 为第 i 个因子的因子得分。

第三节 穷人拥有更多的社会资本吗?

从图 4-1 的分布密度来看,社会资本综合指数(index)和年家庭总纯收入(totalinc)的分布都相当不均匀。index 的均值为 0,标准差为 0.45,主要集中在 ±1 之间,但是也有高达 5.48 或低至 -1.68 的极端值。① totalinc 均值为 10 697.82 元,标准差为 8588,主要集中在 0

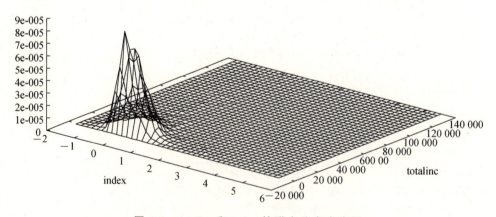

图 4-1　totalinc 和 index 的联合分布密度图

---

① 在构建过程中,先对各维度都进行了标准化处理,故构建出来的指数以 0 为中心分布,所以出现负值。指数只是表示相对大小,正负本身没有含义。

到 20 000 之间,但也有收入低至－1 133 元①、高达 139 458 元的。从图 4-1 可以看到,虽然家庭总收入和社会资本指数都有一定程度的集中,但是分布范围非常广,在右边有长长的拖尾,说明社会资本和收入都有相当程度的不平等。按照收入分位进行分组,更适合区分不同收入层次的人群,因此用收入的主要分位点划分几个分位区间,然后算出各分位区间的社会资本均值,以分析穷人在各个指标上是否有优势。将相关数据进行二次曲线拟合并标出 95% 的置信区间,可以更直观地看出社会资本在各个区间的变化规律,如图 4-2 所示。②

从图 4-2 可见,除了 helpfarm 这个维度,社会资本的其余维度均和收入水平呈显著的正相关关系。社会资本总指数也和收入呈正相关关系。helpfarm 和收入呈现负相关关系,原因可能在于农户的收入往往因非农化的发展而提高,因此以农业帮工表征的传统社会资本在随着收入水平的上升而减少,也就是穷人拥有更多的这种社会资本。从表 4-2 的相关性分析可见,不论社会资本对收入本身还是对收入分位点,从图 4-2 得出的结论仍然成立,而且很显著。只有 scinvest 的显著性较低,其余均达到 0.10 显著性水平,绝大部分达到 0.01 的水平。以上分析表明,某些种类或者维度的社会资本确实在穷人中更多,但社会资本在总体上是有利于富人的。作者在图 4-2 的拟合中排

---

① 不同于以获取工资为主要收入的城市家庭,农村家庭更像一个独立经营单位,所以可能由于天气、农业投资失败等原因出现负的家庭年纯收入。

② 我们在拟合中排除了 0.01 和 0.99 分位上的点,这是因为:(1) 0.01 和 0.99 分位可以认为是极端的收入水平,可能离群太远;(2) 观测值太少,明显少于其他分位,很可能缺乏代表性;(3) 在我们取的各分位散点图中,如果不排除 0.01 和 0.99 分位,那么两端的点较为密集,会造成拟合时权重过高(因为两端的分位分别是 0.01、0.05、0.10 和 0.90、0.95、0.99),可能会得到不真实的图形。

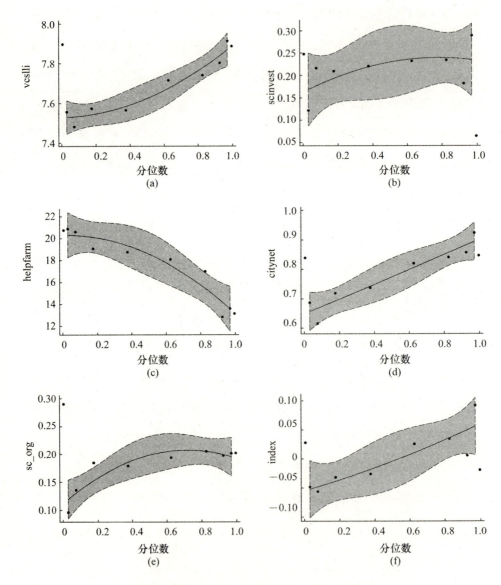

图 4-2 社会资本各维度和收入水平的关系

注:阴影部分为 95% 的置信区间。

除了 0.01 和 0.99 分位上的点,在前面的相关性分析中并没有排除收入的极端点,但是前后结论一致,表明分析是稳健的。因此我们拒绝假设 1 的 H_0,而接受 H_1,认为穷人拥有更少的社会资本。

表 4-2 社会资本和收入以及分位点的相关性

	villsc	scinvest	helpfarm	citynet	sc_org	index
收入的分位值	0.950***	0.626*	−0.903***	0.901***	0.650*	0.919***
	[0.000]	[0.097]	[0.002]	[0.002]	[0.081]	[0.001]
分位区间中点	0.940***	0.541	−0.925***	0.957***	0.836***	0.895***
	[0.001]	[0.166]	[0.001]	[0.000]	[0.009]	[0.003]
totalinc	0.052***	−0.002	−0.070***	0.069***	0.027***	0.044***
	[0.000]	[0.881]	[0.000]	[0.000]	[0.009]	[0.000]

注:方括号内的数字为相关系数对应的 p 值。相关系数为配对(pairwise)相关系数。*,**,*** 分别代表:$p<0.1$,$p<0.05$ 和 $p<0.01$。

第四节 穷人的社会资本回报率更高吗?

我们设定的回归模型如方程(4-1)和(4-2),其中被解释变量是家庭总纯收入(totalinc)①,分析的重点是关键变量村级社会资本(VSC)、家庭社会资本(FSC)以及社会资本指数(index)的经济回报率。模型还控制了现有文献中影响中国农村居民收入的重要变量(Andrew,2002;Morduch & Sicular,2000;Morduch & Sicular,2002;Wan,2004;Wan et al.,2006),包括家庭的物质资本、人力资本、政治资本等家庭特征(F),村庄的人力资本水平、人均收入水平、

---

① 穷人通常指物质财富存量少并且收入流量低的贫困群体。本研究以年总收入这个流量为标准,是基于以下考虑:农村很少有食利者阶层,存量的财富很难计算而且一般得不到真实数据,家庭贫富差别主要体现在收入上。

初始条件和地势等村庄特征(V),并使用省级虚拟变量(Z)控制了省级的固定效应。

$$\text{totalinc}_i = \beta_0 + \beta_{\text{VSC}}\text{VSC}_i + \beta_{\text{FSC}}\text{FSC}_i + \beta_F F_i$$
$$+ \beta_V V_i + \beta_Z Z_i + \varepsilon_i \tag{4-1}$$

$$\text{totalinc}_i = \beta_0 + \beta_{\text{index}}\text{index} + \beta_F F_i + \beta_V V_i + \beta_Z Z_i + \varepsilon_i \tag{4-2}$$

分位数回归是一种基于因变量的条件分布来拟合 X 线性函数的回归模型,是对 OLS 均值回归的拓展。Bassett & Koenker(1978)和 Koenker & Bassett(1978)发展了因变量的分位数估计理论,Bloomfield & Steiger(1983)将求取最小绝对偏差(least absolute deviations,LAD)之和的问题视为计算回归分位数时的线性规划问题,并对估计过程做了详尽阐述。OLS 回归只能描述自变量 x 对于因变量 y 局部变化的影响,分位数回归更能精确地描述自变量 x 对于因变量 y 的变化范围以及条件分布特征的影响,以及 x 对 y 的每一个局部的影响。它能够捕捉分布的尾部特征,当自变量对不同部分的因变量的分布产生不同影响时,例如出现左偏或右偏的情况时,它能更加全面地刻画分布的特征,从而得到全面的分析。qth 分位的回归估计系数通过寻找使得下式最小化的 β_q 得到:

$$\sum_{i=1}^{n} d_q(y_i, \hat{y}_i) = \sum_{i: y_i \geq x_i' \beta_q}^{N} q \mid y_i - x_i' \beta_q \mid + \sum_{i: y_i < x_i' \beta_q}^{N} (1-q) \mid y_i - x_i' \beta_q \mid \tag{4-3}$$

作为基于因变量的分布进行的回归,分位数回归可以得到更丰富的信息,因此在对收入和劳动力市场的研究中具有特别的优势,这不同于只对因变量的均值进行回归的 OLS 和其他基于 OLS 发展出来的均值回归方法。在本章的研究中,通过在 0.01—0.99 分位上进行 99 次分位数回归,得到在不同收入分位上社会资本各个维度及综合指数回报率的分布,从而可以比较穷人和富人社会资本的经济回报率的特征。我们使用 Efron(1979)提出的自举法重复抽样技术,这是一种只依赖于给定的观测信息,而不需要其他假设和增加新的观测的统计推断方法。我们在每个分位进行回归时均做 500 次重复抽样,以增强估计、推断的效能。

经检验,社会资本各维度之间相关系数绝对值最大的仅为 0.089,社会资本各维度以及综合指数和各个控制变量之间相关系数绝对值最大的仅为 -0.1421[①],而对方程(4-1)和(4-2)进行 OLS 回归发现社会资本各维度的方差膨胀因子都很小,均在 1.10 以下,因此可以排除社会资本变量受到多重共线性影响的可能。值得一提的是,分位数回归在弱随机性下比 OLS 更能保持一致性,回归模型具有很强的稳健型(Cameron & Trivedi,2005)。

图 4-3 描绘了农户社会资本的各个维度和综合指数在 99 个收入分位上的回报率分布和相应的显著性水平 p 值。我们对不同分位估计的 99 个回归系数进一步做二次曲线拟合,使趋势更明显。相对于研究少数几个分位回报率的文献,这种分析更为稳健。分析发现,尽管显著性程度不同,社会资本的各个维度和综合指数基本上呈现随着分位升高而上升的趋势。

---

① 该值为 helpfarm 和 incomvill 之间的相关系数。

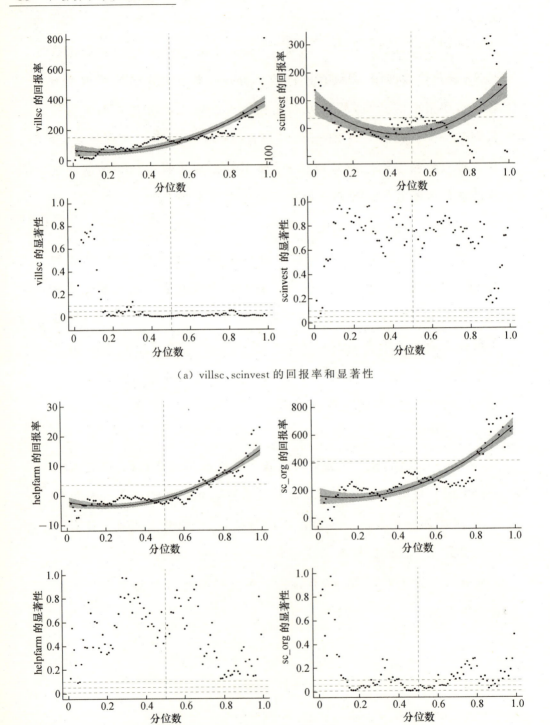

(a) villsc、scinvest 的回报率和显著性

(b) helpfarm、sc_org 的回报率和显著性

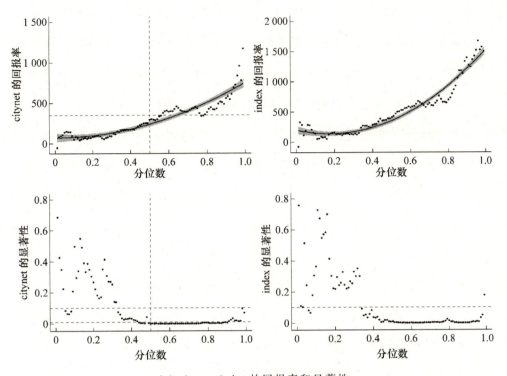

(c) citynet、index 的回报率和显著性

图 4-3　社会资本不同维度在各个分位点的回报率和显著性

注：图 4-3 的(a)(b)(c)每组图中，上面两个图是关于回报率的，下面两个图则是对应着显著性。回报率图中，散点标注了在 99 个分位点的回归系数，曲线是散点的二次拟合曲线，阴影部分为 95% 的置信区间，横线标注了作为均值回归的 OLS 不变的回归系数，中间的垂直线表示 0.5 分位，可以据此找到中位数回归的系数。显著性水平图中，散点标注了在 99 个分位点的回报率对应的显著性水平，三条横线由下而上分别标注了 0.01、0.05 和 0.10 的 p 值显著性水平。抽样方法均为 500 次自举法重复抽样。

从图 4-3 可见，村级社会资本（villsc）的回报率是随着收入递增的，在 0.15 分位以后的 82 个分位点上都达到 0.05 的显著性水平，总体上很显著，因此，我们可以确信村级社会资本的回报率是有利于富人的。村级社会资本对同村穷人和富人基本是相同的，但是回报率却不同，说明富人能够更好地利用集体社会资本，使他们的物质资本和人力资本充分发挥作用。参加经济组织的种类数（sc_org）的显著性达到 0.10 的有 53 个点，达到 0.15 的有 71 个点，可以比较有把握地认为，sc_org 的回报率随着收入水平上升呈显著上升趋势。富人参加经济组织，在组织中可能有更大的发言权，而且能够使自己的物质资本和人力资本充分发挥作用，因此，对收入的正向作用比穷人大。城市网络社会资本（citynet）的回报率也呈上升趋势，有 71 个分位点的显著性达到 0.10，在 0.30 分位后都很显著，因此可以认为城市网络社会资本的回报率呈显著上升趋势。这可能是因为城市网络社会资本可以提供更多的非农就业和创业机会，使得富人的物质资本和人力资本更好地发挥作用，而穷人在这方面不具备优势；也可能是因为穷人的网络社会资本质量低，提供的非农就业和创业机会少，而且层次较低。

有两个维度的回报率整体上不显著。一个是家庭社会资本投资（scinvest）为代理变量的乡村社会网络，其回报率的分布呈 U 形，而且非常不显著：在低收入中较高，然后减低到 0.40 分位，0.40—0.60 分位基本处于一个平台，而 0.80 分位后又进一步上升，在最高的几个分位上，回报率要么特别高，要么特别低。如果不分析趋势，只是根据几个主要分位点的回报率得出社会资本是"穷人的资本"的结论，则显得比较草率。另一个是家庭的村邻帮工时间（helpfarm），其回报率呈明显的上升趋势，但只有两个分位点的 p 值达到 0.10。

除了 scinvest 和 helpfarm 不显著，其他社会资本维度的回报率随收入水平上升的趋势比较显著，进一步利用综合指数来分析是必要的。从图 4-3(c) 可见，社会资本指数的回报率在各个分位上均为正，说明整体而言社会资本对家庭收入有正面的作用。二次曲线拟合进一步发现，社会资本回报率随着收入分位的提高而上升，有 67 个分位点的显著性达到 0.10。因此,对社会资本指数回报率的估计结果倾向于拒绝假设 2 的 H_0 而接受 H_1,即认为穷人的社会资本回报率更低。尽管总的趋势是上升的,但并非直线上升,在某些收入水平位置可能会相对左右两边的分位都更低一些。因此,如果仅仅就少数几个分位的回报率来推断某种趋势,则可能像 Grootaert(1999,2001)那样得出不稳健的结论。

第五节 穷人的资本欠缺和回报欠缺是否随地区收入水平而变化?

作为一个发展中的大国,中国各地区收入水平的差异较大,但是制度、文化和语言等环境相似,这正好为我们提供了一个难得的研究环境——既可以考察随着农村整体收入水平的提高,农户社会资本的拥有量和回报率是否也随之变化,又可以避免在跨国比较时面临的数据不可比的问题。由于缺乏面板数据,我们不能控制时不变(time-constant)的不可观测异质性(unobservable heterogeneity),只能通过省虚拟变量来控制省的固定效应。本章使用《中国统计年鉴(2002)》中省级的 2001 年农民家庭人均收入来代表地区的农村收入水平,以收入的中位数(2 301)为界限,将 CHIPS 2002 涉及的 22 省市分为高收入组和低收入组[1],分析不同收入地区的社会资本平均拥有量和回报率。

---

[1] 属于高收入的地区有北京、浙江、江苏、广东、山东、河北、辽宁、湖北共 8 个省(市),属于低收入的地区有湖南、江西、吉林、河南、安徽、四川、重庆、山西、广西、新疆、云南、甘肃、陕西、贵州共 14 个省(市、区)。上述地区均按从高到低排序。

（一）不同收入水平地区的社会资本分布

由表 4-3 可见，富裕地区农户对三个维度社会资本（villsc、scinvest、citynet）和综合指数（index）的拥有量更大。例外的是，helpfarm 和 sc_org 在低收入组显著更高。这可能是由于贫困地区的农业活动比例较大，所以相互的农业帮工也相对较多。农民家庭人均收入和市场化程度之间为正相关①，进一步分析发现低市场化地区的 sc_org 显

表 4-3　社会资本在不同收入水平地区的分布和回报

变量	社会资本的分布			社会资本的回报					
				回报率		未对中处理		对中处理	
	高收入	低收入	p 值	高收入组	低收入组	VIF	p 值	VIF	p 值
villsc	7.727	7.578	0.000	142.28	156.12	33.24	0.045	1.06	0.817
scinvest	0.257	0.175	0.000	96.06	−119.20	4.71	0.407	1.39	0.260
helpfarm	14.795	21.797	1.000	5.87	2.41	2.84	0.299	1.12	0.564
citynet	0.818	0.731	0.000	538.22	95.36	3.48	0.000	1.03	0.012
sc_org	0.145	0.232	1.000	703.87	187.93	2.31	0.002	1.04	0.052
index	0.029	−0.034	0.000	730.04	446.01	2.74	0.089	1.08	0.089

注："社会资本的分布"一栏中，p 值为高收入和低收入地区之间 t 检验的显著性水平。

"社会资本的回报"一栏中，p 值均为交互项的显著性水平。以上一系列回归所用方法均为 OLS，因变量均为 totalinc，控制变量均为：lnland、fixasset、edulab、lbrnum、labor100、cpc、suppratio、electr1、…、electr4、locate1、locate2、eduvillg、incomvill、prov1、…、prov21，不同之处在于加入分组的虚拟变量和社会资本的各个维度（villsc、scinvest、helpfarm、sc_org、citynet）或者社会资本综合变量（index）。使用 OLS 是为了方便检查由交互项带来多重共线性是否严重，相应的 VIF 是否合理。

---

① 相关度达到 0.8842，显著性水平达到 0.001。有关市场化水平测量，请参见本节第（三）部分。

著高于高市场化地区,这也可能和市场化过程中合作社规模的扩大和小规模经济组织数量的减少有关。从综合指数来看,我们的上述分析仍然倾向于拒绝假设 1 的 H_0 而接受 H_1,即贫困地区农户的确有社会资本欠缺现象。

(二) 不同收入水平地区的社会资本回报率

下面检验社会资本回报率在不同收入水平的地区之间是否有所不同。如果仅仅根据收入水平定义虚拟变量,然后按照虚拟变量分组分别进行回归,再比较得到两组回归系数,并不能说明在不同分组之间的回报是否有显著的区别。只有进一步将分组虚拟变量和社会资本相关维度的交互项代入回归模型,看交互项的回归系数是否显著,才能够说明社会资本的回归系数在不同的虚拟变量分组间是否存在统计上的显著差异。结果见表 4-3。

交互项显著的维度有 citynet、sc_org 和 index,且都是在高收入地区的回报率更高。这说明随着收入水平的提高,农户的城市异质性网络和社会组织参与的收入回报率会更高,社会资本的这些维度将成为拉开收入差距的一股力量,难以扮演"穷人的资本"的角色。villsc、scinvest 和 helpfarm 的交互项都不显著。尽管 villsc 的回报在未进行对中处理前随着地区收入的提高而显著下降,似乎在一定程度上可能扮演"穷人的资本"角色,但是经过对中处理后,大大降低了交互项带来的方差膨胀因子,却非常不显著(关于对中处理,下一节将专门讨论)。scinvest 和 helpfarm 的回报率尽管也不显著,但随着地区收入的上升而上升,仍然不利于穷人。一系列证据基本上不利于穷人,因此,我们的分析倾向于拒绝假设2的 H_0 而接受 H_1,即贫困地区农户的社会资本确有回报欠缺的现象,并没有表现出"穷人的资本"的特征。

(三)地区市场化水平和收入水平变化的不同影响

尽管中国市场化水平和农民家庭人均收入呈显著的正相关,也就是说市场化低的地区往往是贫困地区,但是两者也不能等同,更不一定呈线性关系,所以分开考察也是必要的。有的文献使用东西部地区,而不是用收入水平和市场化水平来划分不同地区,有可能会模糊两者的区别。为了更清楚地考察社会资本在转型期的中国是否随着市场化进程而变化,我们使用省级市场化指数来对地区进行划分,并估计在不同市场化地区农户社会资本的拥有量和回报率。我们度量市场化程度的数据来自《中国市场化指数——各地区市场化相对进程报告(2004年)》(樊纲、王小鲁,2004)中的2001年指数[1],并使用滞后 CHIPS 2002 数据一年的指标,即2001年的各省市场化指数,目的是减轻市场化指数和收入水平之间可能存在的联立内生性。我们按照市场化指数大小,以均值(5.6)为界将22省市分为高低两组。我

---

[1] 该报告首先从六个主要方面对市场化程度进行了度量,包括政府与市场的关系、非国有经济的发展、产品市场的发育程度、要素市场的发育程度、市场中介组织的发育和法律制度环境。然后用以上五方面指数合成市场化进程相对指数,该指数反映了各省在市场化进程中的相对水平,而非绝对水平。各省市场化进程相对指数度量范围由1到10增加,指数越高表示市场化程度越高。2001年全国各省(自治区、直辖市)指数的均值为5.60,标准差为1.67,最小值为1.57,最大值为9.19。

们还采用了其他分组标准,结论仍然稳健。①

就社会资本的拥有量看,helpfarm、citynet 和 sc_org 在低市场化地区显著更大,这部分地验证了 Stiglitz(2000)的思想,即随着市场不断发展和深化,社会网络会遭受冲击和破坏并最终被某种"社会共识"取代。但 villsc、scinvest 都是高市场化地区的农户拥有更多,而综合指数 index 则显示对高市场化地区的农户更有利。就回报率来看,villsc 估计系数在低市场化地区更高,说明随着市场化进程的发展,村级社会资本的收入回报作用可能在减弱,从而可能成为减少贫富差距的一种力量。从其他维度和综合指数来看,社会资本的回报在高市场化地区基本上是更高的,说明随着市场化进程的发展,社会资本在总体上不仅不能减轻贫困,还可能拉大贫富差距。尽管研究的因变量不同,但我们与张爽等(2007)和赵剑治、陆铭(2009)的结论含义是一致的。对比地区收入水平和市场化水平变化下社会资本的作用差异,本章发现两者对社会资本的影响并不相同,因此不能模糊收入水平和市场化水平的界限,这种区分是有必要的。

---

① 市场化不是本章讨论的重点,因此为节省篇幅,本章就不再对分析结果列表。在第一种分组方法下,属于高市场化的地区按从高到低排序有广东、浙江、江苏、北京、山东、辽宁、重庆、河北、安徽、四川,属于低市场化程度的地区按从高到低排序有河南、广西、湖北、云南、吉林、江西、湖南、山西、甘肃、陕西、新疆、贵州。上述地区均按从高到低排序。另一种分组方法为:按照市场化指数大小,将 22 省市分为高中低三组,删去中间组,比较高低两组的平均社会资本存量和回报率。划分标准为大于 6 的归入高端组,低于 5 的归入低端组,介于 5—6 之间(含 5、6)的归入中间组。

第六节 稳健性讨论

前面的回归中,我们已排除了社会资本各个维度和综合指数存在严重的多重共线性的可能,但交互项和构建交互项的变量之间往往有极高的相关系数。① 处理多重共线性可以采取设法去掉不太重要的相关性变量的方法,或者在保留相关变量的要求下,使用岭回归、主成分回归、一阶差分回归或对中等方法。这些方法各有其缺点和适用情况。② 本章关注交互项的显著性,使用对中的方法来降低多重共线性比较适合。对中就是在创建交互项之前先将相关变量减去均值。减去均值导致创建的新变量以 0 为中心分布,而且相关变量与交互项的相关性会大大减弱。对中处理减小多重共线性,随后的拟合优度与未进行对中处理的拟合优度是一样的,常常(但并不总是)得到更精确的系数估计值(Hamilton,2006)。经过对中处理,本章相关变量的 VIF 均缩小到了可接受的范围。表 4-3 和表 4-4 都列出了经过对中处理的 VIF 和显著性,尽管大部分交互项经过对中处理前后

---

① 当然,高度相关也不一定就会对结果造成不稳健的影响,比如对人力资本的 Mincer 方程回归时,受教育年限(或工作经验)及其平方项之间的相关系数往往达到 0.95 以上,但是一般来说并没有造成严重的多重共线性问题。

② 岭回归通过牺牲估计的无偏性来换取估计方差的大幅减小,以修正最小二乘法在多重共线性情况下的估计效果;主成分回归通过降维处理而克服多重共线性的影响,不过提取 x 的主成分是独立于因变量 y 而进行的,没有考虑到 x 对 y 的解释作用,这就增加了所建模型的不可靠性;一阶差分回归适用于时间序列数据;对中方法适用于回归中出现二次项和交互项的情况。

并没有变化①,但是某些交互项显著性的确有了很大的改变,如表4-3中villsc的交互项,说明如果不进行对中处理,也很可能得出不稳健的结论。

如果采用相近的分组标准却得出不同的结论,那么结论是不够稳健的。前面我们采用的是以中位数为界分为两组的方法,下面我们采用另一种分组标准,即将观测值分为三组,只对比高端组和低端组之间是否有显著差异,以进一步检验前面结论的稳健性。按照《中国统计年鉴(2002)》的省级2001年农民家庭人均收入,以0.25和0.75分位为界(收入分别是2097.58和2751.34),将22省市分为高中低三组,删去中间组,比较高低两组的平均社会资本存量和回报率。结果见表4-4。

表4-4 社会资本在不同收入水平地区的分布和回报

变量	社会资本的分布			社会资本的回报					
				回报率		未对中处理		对中处理	
	高收入	低收入	p值	高收入组	低收入组	VIF	p值	VIF	p值
villsc	7.847	7.565	0.000	115.81	283.38	35.69	0.557	1.09	0.557
scinvest	0.287	0.153	0.000	38.32	−7.67	4.48	0.809	1.31	0.809
helpfarm	14.187	25.825	1.000	5.00	−8.54	3.24	0.213	1.17	0.213
citynet	0.786	0.729	0.004	646.56	151.91	3.54	0.023	1.05	0.023
sc_org	0.149	0.261	1.000	922.30	−176.46	3.02	0.023	1.11	0.023
index	0.042	−0.033	0.000	622.05	560.66	3.04	0.316	1.11	0.316

注:同表4-3。

---

① 有趣的是,对中处理前后,表4-4中交互项的显著性水平没有变化,可能是因为表4-4分析的是高低两端分组的观测值。

社会资本的拥有情况在贫富之间的分布,在表 4-3 和表 4-4 中是一致的。结果仍然拒绝假设 1 的 H_0 而接受 H_1。社会资本的回报率估计中,综合指数在表 4-3 中显著,在表 4-4 中变得不显著,但仍然是有利于高收入组的。其余变量没有根本性的变化,和我们前面的结论基本一致。除了村级社会资本仍然有利于贫穷地区但是不显著外,其余维度在 0.25 分位以下最穷地区的回报均低于 0.75 分位以上最富地区,而且有两个维度(citynet,sc_org)的交互项是很显著的。证据再一次拒绝假设 2 的 H_0 而接受 H_1。

本章的一个不足之处在于存在社会资本内生性的可能。基于中国数据的研究大多未能很好地考虑社会网络的潜在内生性可能导致的估计偏误,这也是研究社会网络作用的许多文献存在的一个共同问题(章元、陆铭,2009)。除了历史形成之外,微观个体社会资本主要由个体的投资形成(Gläser et al.,2002)。在社会资本具有正的经济回报的条件下,作为理性人的农户应该会进行社会资本投资,因此送礼支出和参加的经济组织等指标与收入之间就有可能存在内生性问题。本章的综合指数在一定程度上减轻了内生性影响。但是,如果某个社会资本的测量指标是内生的,那么它与其他变量的交互项也是内生的,这样,在本章社会资本变量及其交互项都较多的情况下,无法找到足够数量的且良好的工具变量来处理。未来的研究可以把重点放在某一种社会资本影响农户收入的机制分析上,这样能够更深入地分析社会资本影响农户收入的过程,也便于解决内生性问题。

第七节 结论和讨论

本章从资本欠缺和回报欠缺两方面对"社会资本是穷人的资本"这个假说进行了检验,并仔细讨论了结论的稳健性,结果没有发现支持该假说的证据,反而发现社会资本会拉大收入差距:(1) 低收入的农户普遍存在社会资本的资本欠缺和回报欠缺问题。穷人仅仅在个别维度拥有更多的社会资本,比如与农业相关的传统互助规范,在其他的维度以及在社会资本综合指数上都占劣势。尽管社会资本对农户收入有显著的正向回报,但回报率呈现随收入上升而上升的趋势。(2) 低收入水平地区的农户存在社会资本的资本欠缺和回报欠缺问题。从总体上看,贫困地区农户的社会资本确有资本欠缺的倾向,尽管他们在个别维度上拥有更多的社会资本。从收入回报率来看,社会资本的各个维度和综合指数是随着地区收入上升而上升的,说明其有利于富裕地区。

我们的发现和 Grootaert 的观点不同。分歧的原因可能在于:第一,变量选取的不同。我们选取的维度更全面,而且综合指数也去除了量纲的影响,Grootaert 只是局限于农户参加组织的各种特征,而且没有去除量纲的影响。第二,我们基于 99 个分位点的分位数回归结果和由此得出的趋势,比仅仅基于 5 个甚至 2 个分位点的分位数回归结果进行分析要稳健得多。第三,Grootaert 以消费作为收入的代理变量,而我们直接研究对收入的影响。

由于资本欠缺和回报欠缺对穷人同时存在,因此,社会资本成为拉大农村贫富间收入差距的一个因素,可见它至少在中国农户的经验证据中并非"穷人的资本",而是"富人的资本"。这与研究收入差距文献的结论是一致的,但本章对这种差距的来源进行进一步的分解有利于深入理解社会资本的作用机制。缺乏物质资本和人力资本的贫困群体,不仅缺乏社会资本,而且社会资本的回报率也不如富裕群体。如果说物质资本和人力资本主要是通过市场力量影响收入的话,那么社会资本这种非市场的力量对贫富差距的加剧更值得重视。这是本章在微观层面发现的,但在宏观管理上需要解决的一个重大问题。从人力资本和社会资本的关系来看,许多文献显示教育能增加社会资本的存量和质量(Huang et al.,2009),那么增加贫困人口的教育投入将如何影响他们的社会资本拥有量和经济回报率,对于改进长远的收入分配政策也是非常值得关注的。

下 篇
城市化中的社会资本与农民工收入

第五章　流动农民工社会资本的测量及其分布特征
——基于北京市农民工社会网络的分析*

近年来,出现了一批研究社会资本在我国农村劳动力迁移、求职和收入中所起作用的实证文献。这些文献一般基于社会网络的一两个维度来研究个人社会资本的作用,有别于国际上多维度测量的文献,而后者广泛见于与劳动力相关的研究,比如,社会网络的产生过程和回报率(Lin et al.,2010),社会网络对企业家精神的影响(Chen & Tan,2009),社会网络在移民的社会地位获得过程中的影响(Behtoui,2007),社会网络在劳动力市场中对信息传递的作用(Mc-

---

* 本章最初发表于《云南财经大学学报》2013年第3期,编入本书时略有文字上的调整。

Donald et al.，2009)，社会网络的资本欠缺对收入的影响(Behtoui & Neergaard，2010)，等等。可见，对个人社会网络的多维测量，不仅可以更好地理解社会资本对就业、收入和社会地位提升等方面影响的传导机制，而且可以帮助我们理解内含于社会资本的各个不同因素的作用差别，但国内经济学文献对作为农民工个人社会资本的社会网络的测量，以及对它的结构和分布特征，还缺乏系统的研究。

比较一致而简单的社会资本定义是 Lin(2001)提出的，即"期望在市场中得到回报的社会关系投资"。目前文献从微观、中观和宏观三个层面来对社会资本进行划分并做出相应的定义(Grootaert & Bastelaer，2002；Serageldin & Grootaert，2001)。就微观而言，社会资本是对社区生产能力有影响的人们之间所构成的一系列横向联系，这些联系是以关系网络和社会规范为依据的，可定义为"社会组织的特征，诸如信任、规范以及网络，它们能够通过促进合作来提高社会的效率"(Putnam et al.，1993)。个人的微观社会资本与其所拥有和使用的社会网络规模、数量和结构紧密相关，社会网络作为社会资本的来源和构成是多维度和多因素的(Granovetter，1973；Lin，1999，2001；边燕杰，2004；林南，1998)。本章将沿用社会网络测量维度的成熟思路，将多维测量引入农民工社会网络实证研究中，以期得到农民工微观社会资本的更多特征信息。

与已有研究相比，本章的改进如下：第一，在农民工社会网络调查中引入多维测量思路，首次引入因子分析法研究农民工社会网络决定因子间的相对重要性，并进行了综合测量；第二，使用均值 t 检验和基尼系数等方法，首次研究了样本农民工社会网络的分布特征。

第一节 文献综述

目前涉及个人社会资本测量的研究,主要在两个视角上展开:一是从理论上探讨测量的维度(Granovetter,1973;Krishna & Uphoff,1999;Lin,2001;林南,1998;张文宏,2007;赵延东、罗家德,2005),二是在实证分析中具体测量社会资本的某些维度,并用来进行就业、收入或隐含保险等方面的研究(边燕杰,2004;陆铭等,2010;赵剑治、陆铭,2009;周晔馨,2012)。

理论方面,在著名弱关系假设基础上形成的强关系和弱关系(Granovetter,1973),是对个人的网络社会资本测量的最早期和最重要的思路。强关系是在社会经济特征相似的个体间发展起来的,因此,强关系中的个体所获信息重复性较高,社会资本彼此重合,形成的集合总体范围较小;而弱关系多是在社会经济特征以及个体特征不同的个体间发展起来的,它将处于不同等级社会地位的人群连接起来,这样形成的社会网络相对较大,嵌入社会网络中的社会资本也相对丰富。林南(Lin)在探讨社会网络测量方面做出了许多贡献。林南(1998)提出了情感性、工具性的社会资本两维度思路,前者是为保持已有的有价值资源,后者是为了获取尚没有的有价值资源。Lin(1999)还将个人社会资本区分为拥有的(accessed)总资源量和在工具性行动中实际动用的(mobilized)资源量,从而提出了测量网络社会资本的另一个两维度思路。进一步地,为了对构建起来的社会网络进行刻画,Lin(2001)提出了著名的三维度思路:(1)达高性(upper reachability),即通过社会关系获取的最好资源,它反映了自我通过社会关系可以在等级制结构中触及的顶端位置的资源;(2)异质性(heterogeneity),即位置,也就是通过社会关系,其资源可以触及的幅度,它反映了自我通过跨越结构等级制位置的社会关系可触及资源的纵向幅度;(3)广泛性(extensity),即可触及位置的数量,它反映了自我通过社会关系触及的位置及其嵌入性资源的多样性。这些对社会网络测量维度的理论研究,为实证研究奠定了重要基础。

在不同文化、经济、政治和历史背景下,社会网络的构成和作用方式存在一定差异,因此需要针对研究对象设计具体的测量指标,把理论上的测量维度具体化为可操作的调查问题。在这方面较有代表性的国内研究是边燕杰(2004)设计的中国五城市(长春、天津、上海、广州、厦门)调查。他以春节拜年交往为事件依托,采用"定位法"(position generator)来测量中国城市居民的关系网络,将 Lin(2001)提出的具有一定抽象程度的社会网络测量三维思路转变为可操作的四项指标:网络规模指标,用拜年网的人数测量;网络差异指标,定义为网内人从事不同的职业、处于不同的职位、资源相异、影响以及互补性;网络顶端指标,用网内人最高的职业声望测量;网络构成指标,用与领导阶层、经理阶层、知识阶层的关系纽带来表征。Lin(2001)定义的异质性是网顶和网底之间的差异度,而边燕杰(2004)定义的网络差异是网内人从事不同的职业、处于不同的职位、资源相异、影响所及互补,更接近 Lin(2001)定义的"广泛性"。边燕杰(2004)用拜年网的人数测量了网络规模,网络规模在一定程度上测量了 Lin 定义的垂直异质性,同时也测量了水平上的网络宽度。他们的区别见图5-1。

边燕杰的四项指标既强调了社会网络资源的观点,也包括了网络关系和网络结构的观点(张文宏,2007),更具可操作性。

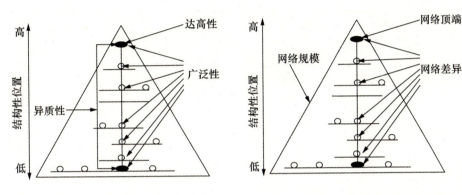

(a) Lin(2001)的网络社会资本测量　　(b) 边燕杰(2004)的网络社会资本测量

图 5-1　网络社会资本的测量

近年来国内关于农民工社会资本的经验研究,大都沿用上述关于社会网络测量维度。我们对代表性文献进行了简单归纳,见表5-1。[①]其中,章元、陆铭(2009)使用了全国性的调查数据CHIPS 2002,测量的维度较少,主要是农民工社会网络的投资。其他文献使用的数据,均来自以农民工社会网络为研究目的的专项调查,测量指标和维度相对也较多,其中,强弱关系、网络规模、拥有或动用的网络资源,是这些专项调查中测量最多的维度。值得一提的是,陈成文、王修晓(2004)和叶静怡、周晔馨(2010)针对我国农民工流动性特点,拓展了一个新的测量方向:基于血缘、地缘关系的原始社会资本和基于城市业缘关系的新型社会资本。这些文献为我们基于2007年、2008年北

---

① 这里我们只涉及已发表论文使用的测量指标。可能有的调查指标远比已发表论文所使用的要多并更为细致,但由于众所周知的微观数据保护原因,我们很难得到完整的相关调查问卷。

京市农民工社会资本调查,设计新的问卷提供了许多有益借鉴。

表 5-1 农民工社会网络的经验研究指标选取

文献	赵延东、王奋宇(2002)	曹子玮(2003)	陈成文、王修晓(2004)	王毅杰、童星(2004)	刘林平等(2006)
测量指标	1.进城时是否有网络关系;2.家庭是否在本市;3.使用社会资本的情况,进行两种分解:(1)未使用社会资本、使用了强关系、使用了弱关系;(2)未使用社会资本、进城时使用过社会资本、进城后使用过社会资本。	在城市再建构社会网的规模,也就是为农民工所认可的"社会交往与联系"。	以"主要交往对象"是否为"亲戚"或"本地人"分别代表原始和新型社会资本。采用两个维度来区分强弱关系:关系类型和熟悉程度。	典型支持网的网络规模、紧密度、趋同性与异质性、关系构成。	亲友(强关系)网络,界定了社会网络对农民工的帮助内容和社会网络的关系类型。

文献	章元等(2008)	刘林平、张春泥(2007)	章元、陆铭(2009)	叶静怡、衣光春(2010) 叶静怡、周晔馨(2010)	叶静怡等(2012)
测量指标	区分了小区层面的社会网络(社会团体或政府)和家庭层面的社会网络(亲友关系),并用于外出就业及其收入的分析。	参加工会情况、请客送礼费用、是否使用网络增加工资。	家庭在2002年曾经赠送过礼品或金钱的亲友数量;家庭在2002年赠送给亲友的礼金价值占2002年家庭总支出的比例。	社会网络的顶点、大小、层级,社会交往频率,找工作动用的关系,聚餐频率及消费,是否送礼及金额等。	农民工社会网络的达高性或层次,即林南概括的达高性。

无论是基于专项调查还是基于全国一般性调查资料的实证研究,表5-1中农民工社会网络分析方法上的一个共同特点是或使用描述性统计,或使用回归分析,考察作为自变量的网络社会资本与因变量之间的关系。当我们不是从一维或两维,而是从多维角度测量社会

网络资本时,例如强弱关系、拥有和动用的网络资源、网络规模、网络差异、网络顶端、网络构成、原始和新型社会网络等,就产生了如何识别它们在总网络社会资本中的相对重要程度的问题,进一步地,也需要把它们整合为一个综合指数。将因子分析运用到社会网络研究的较早文献是 Krishna & Uphoff(1999)和 Narayan & Cassidy(2001),边燕杰(2004)在对城市居民社会资本的来源及作用以及曾寅初等(2006)在对社会资本对农产品购销商经营绩效影响的研究中也使用了该方法。本章也将运用因子分析解决这个问题。

现有关于农民工社会网络的实证文献,主要是研究网络对收入的回报(曹子玮,2003;刘林平、张春泥,2007;叶静怡等,2012;叶静怡、衣光春,2010;叶静怡、周晔馨,2010;章元等,2008;章元、陆铭,2009;赵延东、王奋宇,2002),或者研究网络对非农就业、地位获得、职业声望和生活满意度的影响(陈成文、王修晓,2004;彭庆恩,1996;张智勇,2005),但是对农民工社会网络的分布特征,却少有关注。研究不同性别、不同年龄段农民工(尤其是新生代和老一代农民工)组别之间社会网络的差别,以及不同组别内部的不平等程度,将有助于深化对社会资本作用机制的理解,并有助于提出更为具体的政策建议。

我们借鉴国内外关于社会网络测量维度的思路和专项调查,在2009年组织了对农民工社会网络的专项调查。不同于以往问卷的地方主要在于:(1)明确区分原始和新型网络社会资本,分别测量了农民工在京和在老家的春节拜年网规模和拜年支出,从而建立了对农民工原始和新型网络社会资本的新测量;(2)区分了网络的存量和流量指标,设计了对应于网络的规模、顶端、差异和构成多方面的测量指标;(3)清晰地区分了农民工在京的工具性和情感性网络社会资本,以及对社会资本的投资和动用。

基于调查数据中对农民工社会网络的多维测量,本章引入因子分析,首次测量了农民工社会资本的决定因子及因子间的相对重要性,并进行了综合测量。本章使用均值 t 检验和基尼系数等方法,研究了样本农民工社会网络的分布特征,发现存在着低水平集中、严重的性别和代际的组间不平等、组内分布的不平等、新生代和老一代农民工之间的新型和原始社会网络差别等特征。

第二节 数据来源、测量指标和描述性统计

本章所用的数据来自北京大学经济学院发展经济学课程"2009年在京进城务工人员经济和社会调查",该调查于 2009 年 11 月在北京进行。参与调查的 78 名北大本科生、硕士生和博士生分为 20 组,分别负责北京核心 10 城区的 20 个调查点。该调查为按地图抽样框分层次随机抽样,全部由调查员当面访谈填写,每人完成大约 20 份,共获有效问卷 1 544 份。[①] 其中,受访者男性占 58.10%,女性占 31.90%;1980 年前出生的"老一代"占 37.28%,1980 后出生的"新

---

① 该资料带有北京的地域特点,比如,服务业从业人员多、制造业比较少,这和珠三角的农民工群体不一样。具体来说,生产、制造业占 1.88%,运输、建筑业占 11.75%,住宿和餐饮业占 16.22%,营销、批发和零售业占 33.48%,居民服务和其他服务业占 28.03%,研发、信息和创意广告业占 2.14%,其他行业占 6.49%。每月的货币性收入均值为 2 435 元,标准差为 3 659 元,中位数为 1 600 元。

生代"占62.72%;年龄的均值为29.02①;已结婚的(含离婚、丧偶)占48.76%,未婚的占51.34%;小学文化以下占2.53%,小学占10.26%,初中占45.32%,高中占31.69%,大专占7.60%,本科占2.59%②;党员占4.98%。

从表5-2可见,我们对农民工社会网络的测量指标是比较全面的:既包括流量也包括存量,既包括工具性也包括情感性社会资本,既包括拥有的也包括动用的社会资本,既包括在京拜年网又包括老家拜年网,还包括网络顶端、网络差异、新旧网络规模和网络构成等。

表5-2 变量的含义和描述统计

变量	频数	均值	标准差	变量含义
helppeop	1 537	3.20	6.09	在京的亲戚、朋友和熟人中,在工作或生意上实际帮过忙的人数
helpgift	1 539	0.77	2.87	在京的亲戚、朋友和熟人中,实际帮过您忙的人中,您曾经自费送过礼(钱/物)的人数
feeling	1 518	2.95	5.22	在京的亲戚、朋友和熟人中,常在一起聚会、聊天、游玩、交流情感的人数
gifttimes1	1 536	1.46	3.11	在京过去一年中,(结婚/生日/生子等)随礼次数
giftcost1	1 525	467.49	1 814.96	在京过去一年中,(结婚/生日/生子等)随礼花费(元)
gifttimes2	1 538	0.27	1.40	在京过去一年中,托人办事送礼次数
giftcost2	1 523	237.97	1 731.47	在京过去一年中,托人办事送礼花费(元)
banquet1	1 532	2.31	6.93	在京过去一年中,请来京前认识的人吃饭次数
banquetcost1	1 523	431.02	1 615.45	在京过去一年中,请来京前认识的人吃饭支出(元)

---

① 我们把农民工分成两代,1980年前出生的称为老一代,之后出生的称为新生代,又称"80后"农民工。1980年后出生的"新生代"最大的年龄正好是29岁。这说明在我们的2009年调研资料中,选取1980年作为一个年龄的分界点不仅具有典型的社会经济意义,而且在数值上也非常合理。

② 这里的本科指自考、网络教育、成人教育等形式的非全日制本科。

（续表）

变量	频数	均值	标准差	变量含义
banquet2	1 525	3.96	11.03	在京过去一年中,请来京后认识的人吃饭次数
banquetcost2	1 522	736.40	2 567.55	在京过去一年中,请来京后认识的人吃饭支出（元）
festival	1 512	5.25	6.29	上次回家,除（岳）父母外,去拜年有几家
fstvcost	1 512	800.68	1 967.98	上次回家,除（岳）父母外,去拜年花销（元）
bjfstv	1 527	0.95	2.32	上次春节,在京拜年有几家（公司客户不算）
bjfstvcost	1 519	249.44	1 122.23	上次春节,在京拜年花销（公司客户不算）（元）
height	1 523	47.27	31.80	网络顶端:由社会网络的最高职业声望来表示*
heter	1 518	3.13	2.99	网络差异:由社会网络的职业数量来测度
netnew	1 521	17.55	34.27	新网络规模:来京后认识的（在京的）亲戚、朋友和熟人数
netold	1 523	9.51	19.83	旧网络规模:来京前认识的（在京的）亲戚、朋友和熟人数
intell	1 544	0.28	0.45	与知识层纽带关系,有＝1,无＝0
leader	1 544	0.07	0.26	与领导层纽带关系,有＝1,无＝0
manage	1 544	0.36	0.48	与经理层纽带关系,有＝1,无＝0

注:* 问卷中社会网络的 20 种职业声望分数,同边燕杰（2004）。

第三节 农民工社会网络的构成因子和综合指数

（一）农民工的总网络社会资本的因子提取和指数构建

为了分析社会网络的诸多影响因子以及因子间的相对重要性,我们将表 5-2 中所有的社会网络变量纳入因子分析。KMO 检验和 Bartlett 球形度检验显示,适合进行因子分析,见表 5-3 中"总网络社会资本"一行。

表 5-3　总网络社会资本和城市网络社会资本的 KMO 和 Bartlett 球形度的检验

	取样足够度的 Kaiser-Meyer-Olkin 度量	Bartlett 球形度检验		
		近似卡方	自由度	显著性
总网络社会资本	0.7017	11 392.701	231	0.000
城市网络社会资本	0.6336	4 018.710	21	0.000

我们以特征值大于 1 为标准，共保留 7 个因子。① 为了使各个因子的实际含义更明显，进一步进行正交方差极大旋转，结果见表 5-4。将各因子按照方差贡献率的大小进行排序，并分别命名如下：

因子 1 可以称为城市网络社会资本特征因子，在网络顶端、网络差异、与知识层纽带关系和与经理层纽带关系的载荷最大，主要体现城市网络结构本身的特征，网络社会资本存量的基本特征已经包含在其中。该因子和边燕杰（2004）对个人社会资本的操作化定义较为相似，两者都强调社会资本即社会网络资源的观点（网络顶端、网络差异），同时也强调网络关系（网络规模）和网络结构（网络构成）。

因子 2 可以称为新型社会资本投资流量因子，在与来京后认识的人吃饭次数和吃饭支出上载荷最大，其次是随礼次数和随礼花费，而后者也有一部分是和来京后社会网相关。

因子 3 可以称为互惠规范和情感性社会资本因子，包括帮忙人数、送礼人数和情感交流人数。

因子 4 可以称为在京原始社会资本存量因子，包括在京的旧有社会网络规模、与来京前认识的人吃饭次数和吃饭支出，主要体现为在

---

① 这样，累积方差贡献率为 0.6465。如果采用累积方差贡献率为 0.85 的保留标准，将保留 13 个因子，使得保留的因子数量过多，从而难以解释。

京旧网络的存量和对原始社会资本维护的投资流量。

因子 5 可以称为新型社会资本存量因子,包括在京拜年数、在京拜年花销,属于存量,工具性和情感性难以截然分开。

因子 6 可以称为工具性社会资本投资因子,包括办事送礼次数和办事送礼花费,在与领导层关系上也有较大的载荷,明显属于工具性社会资本投资流量。

因子 7 可以称为在老家原始社会资本存量(拜年网)因子,包括回家拜年数和回家拜年花销。重点体现了原始社会资本中的强关系网络,属于存量,但难以区分是工具性还是情感性,在农民工社会资本的诸因子中方差贡献率最小。

我们应用下面的公式(5-1),将保留的 7 个因子综合为一个总网络社会资本指数(totalnet)。

$$\text{totalnet} = \frac{1}{\sum_{i=1}^{n} \lambda_i} \left(\sum_{i=1}^{n} \lambda_i f_i \right) \tag{5-1}$$

其中,n 为保留的因子数,λ_i 为第 i 个因子的方差贡献率,f_i 为第 i 个因子的因子得分,使用 Thomson 回归方法计算因子得分。综合指数的描述统计见表 5-6。

表 5-4　因子旋转后总网络社会资本的因子载荷矩阵

变量	因子 1	因子 2	因子 3	因子 4	因子 5	因子 6	因子 7
helppeop	0.0893	0.0782	**0.8950**	0.0836	0.0543	0.0436	0.0595
helpgift	0.1177	−0.0566	**0.6175**	0.0993	0.0506	0.2636	−0.1574
feeling	0.0839	0.1553	**0.7847**	0.0574	−0.0088	−0.0201	0.1400
gifttimes1	0.1303	**0.4947**	0.1906	0.0260	0.2986	0.1687	0.3396
giftcost1	0.1114	**0.5690**	0.1525	−0.1408	0.1701	0.3492	0.2770
gifttimes2	0.0616	0.0545	0.0366	0.0585	0.0471	**0.7802**	0.0404

(续表)

变量	因子1	因子2	因子3	因子4	因子5	因子6	因子7
giftcost2	0.0450	0.1254	0.0697	−0.0120	0.0390	**0.8119**	0.1017
banquet1	0.0871	0.1619	0.0913	**0.8606**	0.0312	0.0053	0.0573
banquetcost1	0.0876	0.2679	0.0614	**0.8311**	0.0920	0.0446	0.0794
banquet2	0.0532	**0.7851**	0.0551	0.3108	0.0800	−0.0379	−0.0837
banquetcost2	0.1240	**0.8294**	0.0794	0.2911	0.0705	0.1007	0.0237
festival	0.0447	−0.0773	0.0670	.0870	−0.0071	−0.0320	**0.7888**
fstvcost	0.0565	0.1468	0.0607	0.1041	0.0585	0.2129	**0.7420**
bjfstv	0.0675	0.0396	0.0166	0.0148	**0.8750**	0.0135	0.0207
bjfstvcost	0.0810	0.1577	0.0432	0.1200	**0.8515**	0.0779	0.0252
height	**0.9206**	0.0914	0.0557	0.0345	0.0241	0.0280	0.0339
heter	**0.7803**	0.0395	0.1654	0.1359	0.1945	0.1214	0.0276
netnew	0.2458	0.2132	0.1991	0.2487	0.2499	−0.0389	0.2495
netold	0.0892	0.1299	0.2218	0.4095	0.2068	−0.0153	0.2143
intell	**0.7716**	0.0590	0.0487	0.0824	0.0043	0.0216	−0.0308
leader	0.3507	−0.0870	0.1230	0.2527	0.2158	0.3726	−0.1099
manage	**0.7032**	0.1105	0.0273	0.0193	0.0347	−0.0043	0.1534

注:因子提取方法为主成分方法,旋转法为正交方差极大旋转。使用 Stata 10.0 进行分析。

(二) 农民工城市网络社会资本的因子提取和指数构建

分析发现,因子1即"城市中网络社会资本特征因子"不仅在较大程度上契合边燕杰(2004)和 Lin(2001)对个体社会资本的定义,而且其特征值大大高于其他各个因子,包含的信息量最大。因此,我们把因子1载荷最大的几个变量(height,heter,intell)提取出来,加上另外三个变量(netnew、leader 和 netold,其中,netnew 和 leader 负载相对较大),再次进行因子分析。经检验,取样足够度 KMO 检验得分为 0.6336,Bartlett 球形度检验显著性水平达到 0.0000,见表 5-3 "城市网络社会资本"一栏,总的来说可以做因子分析。特征值大于1的因子只有一个,我们保留了3个因子,使得累积方差贡献率达到80.16%。再次引用公式(5-1),构建城市网络社会资本指数(citynet)。

从表5-5中可见,对于因子1,网络顶端(height)的贡献最大,网络差异(heter)的贡献居于第二,因子旋转后网络顶端贡献更加明显。而边燕杰(2004)的结果则是网络差异贡献第一,网络顶端贡献其次。说明相对于城市居民来说,网络差异对农民工的城市网络社会资本的贡献率更低。因子1在height、heter、intell和manage这4个维度上的因子负载都很高,旋转后实际含义仍比较模糊,暂称为网络综合因子。因子2可以称为网络规模因子。因子3可以称为裙带因子。

表5-5 城市网络社会资本的旋转前后的因子载荷矩阵

变量	旋转前因子载荷矩阵			旋转后因子载荷矩阵		
	因子1	因子2	因子3	因子1	因子2	因子3
height	**0.8724**	−0.3238	−0.1800	**0.9379**	0.0690	0.1177
heter	**0.8460**	0.0109	0.1356	**0.6815**	0.2658	0.4462
netnew	0.4648	**0.6391**	−0.1011	0.1526	**0.7610**	0.1799
netold	0.3501	**0.7017**	−0.2412	0.0673	**0.8175**	0.0179
intell	**0.7296**	−0.3185	0.0146	**0.7578**	−0.0329	0.2420
leader	0.4943	0.1524	**0.8062**	0.1282	0.0734	**0.9464**
manage	**0.6883**	−0.1634	−0.3420	**0.7574**	0.1948	−0.0759

注:因子提取方法为主成分方法,旋转法为正交方差极大旋转。

(三)农民工社会资本综合指数的分布特征

表5-6对上面得到的两个综合指数的分布特征进行了描述。图5-2显示,指数均呈明显的右偏态分布。总的来看,两种社会资本指数的分布较为接近。我们的城市网络社会资本指数是基于第一阶段

因子分析的最大特征值因子构建的,边燕杰(2004)只是从理论上提出操作化定义并直接进行了应用,而我们的因子分析为该定义提供了经验依据。

表 5-6 总网络社会资本指数和城市网络社会资本指数

变量	频数	均值	标准差	最小值	最大值	变量含义
totalnet	1 381	0.000	0.385	−0.416	4.021	总网络社会资本指数
citynet	1 488	0.000	0.620	−0.744	3.559	城市网络社会资本指数

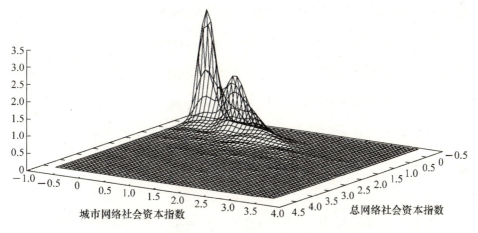

图 5-2 总网络社会资本指数和城市网络社会资本指数的联合分布密度

第四节 农民工社会网络的分布特征

在劳动力市场的文献中,性别是重要的变量。对于中国的流动农民工市场,新生代和老一代农民工的代际区别也是非常重要的。因此,我们从这两方面进行分组,研究社会资本的组间差异、分布的组内不平等以及组间不平等的差异。

(一) 网络社会资本的性别差异和代际差异

1. 性别的组间差异

我们对相关指标的均值进行单尾 t 检验,通用的待检验假设如下:

H_0 女性和男性的均值相等;H_1 女性比男性的均值小。

从表 5-7 可以看到,除了"与知识层纽带"、"与经理层纽带关系"和"托人送礼人数"不能拒绝零假设外(但是女性的均值仍是小于男性),其余都在 10% 的显著性水平下拒绝零假设,其中大部分都在 1% 的显著性水平下。可见,社会资本的性别间具有显著而且较为强烈的不平等,女性农民工的社会资本在各方面都不如男性农民工。

2. 代际的组间差异

我们对相关指标的均值进行单尾 t 检验,通用的待检验假设如下:

H_0 老一代和新生代农民工的均值相等;H_1 老一代比新生代农民工的均值小。

从表 5-8 可以看到,一方面,在"网络构成"的"与领导层纽带"维度上,老一代比新生代具有显著的优势。[①] 老一代的"帮忙人数"也更多,尽管并不显著。另一方面,在"网络差异"、"与知识层纽带"、"与经理层纽带"、"托人送礼人数"和"办事送礼花费"方面,老一代弱于新生代,尽管并不显著。在余下的"网络顶端"、"新网络规模"、"情感交流人数"几个维度上,老一代均在 0.05 水平下显著弱于新生代。尽管老一代的总网络社会资本指数不显著地弱于新生代,但是城市

---

① 其中,"与领导层纽带"的 p 值为 0.945,将零假设和替代假设反过来,可以得出在 0.055 的显著性水平下,接受老一代农民工比新生代有更多的"与领导层纽带"。

表 5-7 网络社会资本的性别差异

性别	指标	频数	均值	标准差	p值	指标	频数	均值	标准差	p值
女	总网络社会资本指数(totalnet)	588	-0.047	0.310	0.000	与经理层纽带(manage)	647	0.354	0.479	0.272
男		793	0.035	0.429			897	0.369	0.483	
女	城市网络社会资本指数(citynet)	627	-0.054	0.559	0.002	与领导层纽带(leader)	647	0.054	0.226	0.007
男		861	0.039	0.658			897	0.087	0.282	
女	网络顶端(height)	641	45.817	31.926	0.065	帮忙人数(helppeop)	643	2.966	5.603	0.093
男		882	48.316	31.689			894	3.372	6.413	
女	网络差异(heter)	640	2.972	2.602	0.039	托人送礼人数(helpgift)	644	0.759	3.151	0.458
男		878	3.237	3.235			895	0.775	2.645	
女	新网络规模(newsize)	638	13.467	26.116	0.000	办事送礼花费(giftcost2)	638	111.097	623.805	0.003
男		883	20.496	38.872			885	329.435	2 204.832	
女	与知识层纽带(intell)	647	0.267	0.443	0.263	情感交流人数(feeling)	637	2.490	4.301	0.001
男		897	0.282	0.450			881	3.277	5.766	

注：p值表示拒绝零假设 H_0、接受替代假设 H_1，从而犯错误的概率。

表 5-8　网络社会资本的代际差异

代别	指标	频数	均值	标准差	p 值	指标	频数	均值	标准差	p 值
老一代	总网络社会资本指数	509	-0.007	0.421	0.299	与经理层纽带	575	0.355	0.479	0.309
新生代	(totalnet)	872	0.004	0.362		(manage)	969	0.367	0.482	
老一代	城市网络社会资本指数	550	-0.035	0.640	0.050	与领导层纽带	575	0.087	0.282	0.945
新生代	(citynet)	938	0.020	0.607		(leader)	969	0.065	0.247	
老一代	网络顶端	565	45.065	32.441	0.020	帮忙人数	572	3.371	7.704	0.773
新生代	(height)	958	48.562	31.365		(helppeop)	965	3.103	4.887	
老一代	网络差异	563	3.057	3.283	0.256	托人送礼人数	573	0.705	3.235	0.262
新生代	(heter)	955	3.165	2.798		(helpgift)	966	0.806	2.625	
老一代	新网络规模	564	15.395	25.862	0.019	办事送礼花费	567	225.397	1171.386	0.402
新生代	(newsize)	957	18.816	38.333		(giftcost2)	956	245.429	1991.119	
老一代	与知识层纽带	575	0.259	0.439	0.128	情感交流人数	567	2.631	5.888	0.042
新生代	(intell)	969	0.286	0.452		(feeling)	951	3.135	4.761	

注：p 值表示拒绝零假设 H_0，接受替代假设 H_1，从而犯错误的概率。

网络社会资本指数达到 0.05 的显著性水平。尽管新生代农民工对工具性社会资本投资不显著大于老一代,但其社会资本存量在新网络规模和情感性社会资本方面优于老一代,并更能达到更高的网络顶端。这些都说明,尽管新生代农民工不论是在京工作年限还是外出工作年限(2.577 和 3.295)都远远小于老一代(6.038 和 7.821),但其具有发展的优势,能够逐步积累高层次的社会网络。我们还发现,老一代农民工各项指标的标准差普遍大于新生代,说明老一代内部分化较大。

(二) 社会资本组内分布的不平等和分布的组间差异

从表 5-9 中可以看到:

首先,总网络社会资本的分布不平等程度是比较高的,总体的基尼系数达到 0.441;男女农民工的基尼系数分别为 0.449、0.420,新老两代分别为 0.483、0.415。城市网络社会资本的分布不平等程度也是比较高的,基尼系数达到 0.447;男女农民工的基尼系数分别为 0.447、0.444,新老两代分别为 0.428、0.479。两种网络社会资本指数的组内不平等特征和组间差别均非常接近,佐证了边燕杰(2004)的操作化定义是合理的。

其次,工具性社会资本的不平等程度非常高,基尼系数达到 0.675;性别差异较为明显,女性为 0.644,男性为 0.693;代际差异大,老一代为 0.758,新生代为 0.615。

再次,情感性社会资本的不平等程度很高,基尼系数达到 0.697;性别差异较明显,女性为 0.675,男性为 0.704;代际差异大,老一代为 0.787,新生代为 0.638。总之,不论性别内还是性别间,不论代内还是代际的不平等都很大。

表 5-9 网络社会资本的基尼系数

指标	分组	基尼系数	分组	基尼系数	指标	分组	基尼系数	分组	基尼系数
总网络社会资本指数(totalnet)	女性	0.420	老一代	0.483	工具性社会资本(helppeop)	女性	0.644	老一代	0.758
	男性	0.449	新生代	0.415		男性	0.693	新生代	0.615
	总体	0.441	总体	0.441		总体	0.675	总体	0.675
城市网络社会资本指数(citynet)	女性	0.444	老一代	0.479	情感性社会资本(feeling)	女性	0.675	老一代	0.787
	男性	0.447	新生代	0.428		男性	0.704	新生代	0.638
	总体	0.447	总体	0.447		总体	0.697	总体	0.697

(三) 新型社会资本和在京原始社会资本存量的动态变化

Gläser et al.(2002)模型证明,个人社会资本存量随年龄增长呈现倒 U 形。我们对农民工拜年网和外出打工年限进行二次曲线拟合,也发现了类似的规律。为了更清楚地刻画数据点的分布密度,我们绘制了葵花散点图[①],如图 5-3 和图 5-4 所示,分别用浅色和深色的花瓣(petal)表示在某点的观测值个数。从拟合的二次曲线和 95% 的置信区间看,两代农民工有很大的差别。

从老家拜年网看,图 5-3 显示老一代农民工的回家拜年次数是在外出的大约第 18—20 年达到顶峰,然后开始下降。新生代农民工在老家的拜年活动也是递增的,尽管新生代只有极少的几个观测值大于 14 年

---

① 为了使曲线看得更清楚,我们在图 5-4 中没有显示大于 20 次拜年的观测值,这些观测值很少,并类似异常值。

外出打工,从散点图中也可看出有减少的趋势。假设新生代可以工作到 65 岁,则他们可以打工 30—50 年,他们受教育水平更高,更愿意接受城市生活方式,很可能会越来越不注重原始社会资本的投资。

从在京拜年网来看,由图 5-4 可见老一代的在京拜年数在头 20 年以递减的速度上升,而且增速缓慢,大约在第 20 年到达顶点,然后开始下降;新生代在头 20 年则以缓慢递增的趋势上升①。新生代还可以在外打工 35—50 年,而图 5-4(b)中仅仅显示了 20 年打工时间②,按照 Gläser et al.(2002)的理论模型,可以推测递增趋势还会继续。而且,对比两代人的纵轴刻度可以看出,老一代的拟合值最高点大概在 1.5,而新生代一直处于上升趋势。这些说明新生代的新型社会资本规模在动态变化上更有优势。

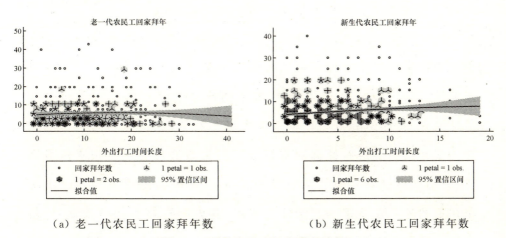

(a) 老一代农民工回家拜年数　　　　(b) 新生代农民工回家拜年数

图 5-3　两代农民工回家拜年比较

---

① 回归分析发现,老一代在京的拜年数对外出年限的二次项系数为负,而新生代在京的拜年数对外出年限的二次项系数为正。

② 拥有 15—20 年打工时间的新生代农民工至少在 10—15 岁前就外出了,说明他们的教育程度低于打工经验更少的新生代,因此,图 5-4(b)中 15—20 年的拜年网很可能有向下的偏误。随着时间推移,拥有 15 年以上打工经历的新生代增多后,这种偏误才会被纠正。

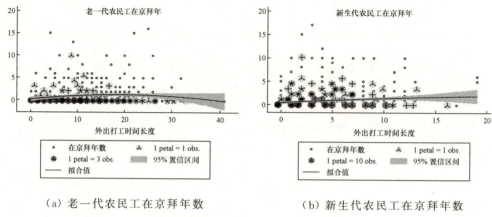

（a）老一代农民工在京拜年数　　　　（b）新生代农民工在京拜年数

图 5-4　两代农民工在京拜年比较

第五节　结论和讨论

基于 2009 年北京市农民工社会网络调查数据，本章使用因子分析方法首次测量了农民工个人社会资本的决定因子及因子间的相对重要性。在保留的七个因子中，城市网络社会资本特征因子包含的信息最多，特征值和方差贡献率大大高于其他因子，这为边燕杰的操作化定义找到了经验证据的支持。其次为新型社会资本投资流量因子，说明新型社会资本在农民工社会资本中占据重要的地位。不论是在京的还是在老家的原始社会资本，其方差贡献率相对较低，而新型社会资本和工具性社会资本则相对较高。这些发现有助于深化对农民工在城市中微观社会资本的来源、作用机制的理解。

对样本农民工社会网络分布特征的研究发现：(1) 社会网络存在性别差异，女性农民工在各方面都劣于男性农民工；(2) 社会网络存在代际差异，除了少数由年龄、资历决定的维度外，新生代农民工的社会资本在大多数维度上都优于老一代;(3)无论是在性别内部、代际内部,还是在整个样本内部,总网络社会资本和城市网络社会资本的指数、工具性和情感性社会资本的不平等程度都很大;(4)在发展的意义上,新生代农民工的新型社会资本比老一代的规模更大,并具有进一步发展的趋势。

上述结论为研究社会资本的作用和完善农民工的宏观管理政策提供了一些重要线索:第一,新生代农民工社会资本在大多数维度上——尤其是在新型社会资本上——都优于老一代农民工,这在一定程度上说明与老一代农民工进城主要是挣钱的目的不同,新生代农民工更多是以城市就业和生活为他们的追求。这在宏观层面上提出了一个不同于过去的重要管理思路:让新生代农民工有城市归属感,这将是我国未来社会安定、经济发展的重要前提。第二,不论是作为一个群体,还是在性别和代际分组中,农民工网络社会资本的分布不平等程度很大,研究这种不平等对社会分层、劳动力市场分割和性别歧视的影响,对社会公平政策制定具有重要的理论和政策意义。

第六章 社会资本转换与农民工收入

——来自北京农民工调查的证据*

近年来,随着我国长期实施城乡有别户籍制度引致劳动力市场分割问题的凸显,越来越多国内学者从社会资本和社会网络等视角,研究非正规制度对我国农村劳动力迁移、求职和收入的影响。关于社会资本和社会网络对农民工进入城市后经济地位获得影响的理解,在理论和个案研究的意义上,得出的结论是比较一致的(李培林,1996;彭庆恩,1996;唐灿、冯小双,2000;孙立平,2003;张智勇,

---

* 本章最初发表于《管理世界》2010年第10期,编入本书时略有文字上的调整。本章系 2009 年度教育部人文社会科学研究规划基金项目(项目批准号:09yja790008)和 2009 年北京市科委博士生论文资助专项(项目编号:ZZ0902)的阶段性成果。作者非常感谢匿名审稿人提出的宝贵建设性修改意见,感谢付明卫、高国伟、李晨乐、陈凤仙、王琼等博士生等提出的宝贵修改意见。

2005），但基于样本数据的经验研究，则发现社会资本对农民工经济地位尤其是工资的影响却不尽相同（陈成文、王修晓，2004；刘林平、张春泥，2007；章元等，2008；章元、陆铭，2009；叶静怡、衣光春，2010）。我们认为，出现这种分歧的一个重要原因是对农民工社会资本和社会网络考察视角的差别——有的区分了农民工进城前后积累的不同社会资本，有的则不加区别。与通过上大学途径进入城市就业的农村劳动人口不同，农民工在进城务工前所形成的网络关系和社会资本，基本上都具有乡土或原始性质，就是说他们的亲戚、同学和朋友基本上都是在同一个地缘，甚至在同一个职业范围内。进城务工后他们基于新的需要有意识和无意识地积累起来的社会资本，可能与乡村积累的社会资本有质的差异，两者对农民工在城市经济地位变化包括就业、工资水平的影响也可能存在质的差别。本章将从实证视角，在区别农民工原始社会资本与新型社会资本的基础上分别考察它们对农民工城市收入的影响，以期得到社会资本与农民工收入关系的一个一致解释。

与已有研究相比，本章在以下三个方面做出了改进。第一，现有研究一般以年净收益、职业声誉和生活满意度作为因变量，我们的因变量是使用不同口径计算的以保证稳健性的月收入；第二，针对原始社会资本和新型社会资本对收入的不同影响，现有研究缺乏完整的实证比较分析，而我们首次利用数据进行了完整的对比分析，在实证分析的基础上得出社会资本转换对收入具有不同影响的结论；第三，现有研究的结论仅仅是建立在对数据做了非常简单的回归分析和偏相关分析的基础上，而我们的研究结论则在解决了异方差和多重共线性等问题的基础上,进一步通过了严格的稳健性和内生性检验。我们对计量结果进一步的讨论发现,农民工社会资本转换不仅关系到自身收入提高和福利增加,而且可能成为影响我国城市化进程的一个重要因素;政府的某些公共政策可能超出政策实施直接目标,具有提升农民工新型社会资本的不期结果。

第一节 文献综述

(一) 社会资本与经济地位获得

Bourdieu(1983)、Coleman(1990)、Putnam et al. (1993)等人先后从社会网络的角度提出并发展了社会资本概念——社会成员之间的关系网络是一种有价值、可利用的资源或社会资本,投资于这样的社会网络关系不仅可以使社会成员个体获益,也可以使组织团体和国家受益。社会网络是社会资本的重要构成部分,个人或团体所拥有的社会资本与其所处网络的规模和结构紧密相关。[①]

关于地位获得或收入与社会网络、社会资本之间关系的探讨,可以追溯到 Granovetter(1974)所作的开创性研究。他访谈了美国一个小镇的 282 名技术专家和管理人员,发现使用在自己所属群体之外的人际关系渠道可以找到更满意、收入更高的工作。他由此提出了著名的弱关系假设:较弱关系往往能够在一个个体与另一些群体之

---

① 根据普特南等人的理解,社会资本包含社会网络、信任和社会规范三个方面的内容(Putnam et al. , 1993)。

间架起一座桥梁,从而使该个体获得在自己所属群体中无法获得的信息。Lin et al. (1978)进行的另一项小范围研究表明,不同等级地位人群之间接触或许是地位获得过程中的关键性因素。许多经验研究证明了社会资本、地位强度和联系强度影响地位获得的命题(Lin,1999)。

社会资本和社会网络在劳动力流动中的作用受到国外学者的关注。Ports(1995)指出,劳动力跨国移动过程的每一环节,诸如决定是否迁移、向何处迁移,以及在迁居地定居下来后对当地生活的适应,等等,都与该移民自身的社会网络和社会资本密不可分。他把移民的社会资本定义为移民个人通过其在社会网络和更为广泛的社会结构中的成员身份而获得的调动稀缺资源的能力,认为移民可以利用这种成员身份来获取工作机会、廉价劳动力及低息贷款等各种资源,从而提高自身的经济地位(Ports,1995)。Sanders & Nee(1996)讨论了美国移民家庭社会资本以及人力资本对于他们获得"自雇"地位的作用。Massey et al. (1994)和Massey & Espinosa(1997)等根据历史资料与统计数据,详尽分析了社会资本在墨西哥移民迁移美国过程中的作用。[1]

20 世纪 90 年代,社会资本和社会网络分析思路被引入我国乡-城劳动力流动尤其是农民工问题的研究中。陈阿江(1997)通过个案访谈发现,农村劳动力外出就业的信息主要由亲缘关系者提供;唐灿、冯小双(2000)指出,农民工作为我国劳动力队伍中迁移规模最大

---

[1] 转引自赵延东、王奋宇(2002)。

的群体,由于在城乡户籍身份制分割的市场中处于劣势地位,个人网络和社会关系对他们提高自身地位具有决定性意义;李培林(1996)和孙立平(2003)认为,我国流动农民工主要通过亲属、朋友介绍和引荐等非正式途径进入城市就业部门,进城后又寻求这些社会关系网的保护,以获取必要的社会资源和生存机会;彭庆恩(1996)对农民工包工头的个案研究发现,社会关系资本是农民工到包工头、从低级包工头到较高级包工头地位获得的前提性因素,个人工作经历、职业技能等其他人力资本因素只有通过关系资本才能发生作用。社会资本可以保证农民工获得的就业信息的真实性、加快信息搜寻速度,并具有诸如信誉等信息的显示功能,因此,社会资本提高了农民工在城市的就业概率(张智勇,2005)。

可以说,关于社会资本和社会网络对农民工经济地位获得的影响,在理论和个案研究的意义上,得出的结论是比较一致的,但在基于样本经验研究的意义上,得出的结论却不尽相同。刘林平、张春泥(2007)以珠三角地区农民工为样本,用请客送礼花费和是否为工会会员度量农民工社会资本;回归分析显示,社会资本对农民工工资水平没有显著影响。章元等(2008)基于10个省份3000个农户的2002年调查数据,分别考察了农户家庭层面社会资本和社区层面社会资本对农民工工资水平的影响,发现无论是利用社区层面的社会资本还是利用家庭层面的社会资本外出就业,都不能直接提高农民工的工资水平。章元、陆铭(2009)基于2003年春节22个省份的农户调查数据,研究了社会网络在城市劳动力市场上对于农民工工资水平的影响,发现只有非常微弱的证据表明拥有更多的社会网络能够直接提高农民工在城市劳动力市场上的工资水平,社会网络在具有较高竞争性的城市劳动力市场上的主要作用是配给工作。陈成文、王修晓(2004)等以长沙地区农民工为样本,以亲戚代表原始社会资本(强关系)、以非亲戚的本地人代表新型社会资本(弱关系),检验它们对职业声望和生活满意度的影响;他们发现弱关系即新型社会资本对于城市农民工的职业声望有积极作用,强关系即原始社会资本则主要对其生活满意度有影响。叶静怡、衣光春(2010)以北京市农民工为样本,用在北京认识和交往人数、层次、频率、投入等代表社会资本;对样本的回归分析显示,社会资本对农民工经济地位的获得有较为显著的影响,其中对农民工收入的影响要比对农民工职业流动的影响要大,并且显著。上述经验研究结论的不一致,一个重要的可能原因是对社会资本代理变量的理解不同,另一个可能原因是对原始社会资本和新型社会资本定义不同,或者没有进行这方面的区分。

(二) 社会资本转换:原始社会资本和新型社会资本

社会资本对流动劳动力影响研究的一个重要视角,是区分流动劳动力在原生活和工作地域积累的社会资本与进入新区域后积累的社会资本,分别考察它们对流动劳动力经济地位获得的不同影响,即社会资本转换问题。

Coleman(1990)是最早研究社会资本转换的学者。他将现代社会中家庭和社区所提供的社会资本定义为原始社会资本,认为这些资本有逐渐衰减的趋势;人们需要在交往活动中创造和建立社会组织,用以替代逐渐失去作用的原始社会资本。尽管 Coleman(1990)并没有明确提出与原始性社会资本相对应的新型社会资本,但在其分析中,社会资本转换概念呼之欲出。

伴随我国最近三十年农村劳动力大规模、跨地域迁移和职业转换,农民工社会资本和社会网络也发生了发展和转换。近年来,一些学者回应这种现实的变化,开始关注农民工社会资本转换问题。赵延东、王奋宇(2002)使用国际移民研究中的理论概念,研究我国城乡流动人口的社会资本转换。他们借用 Coleman(1990)分类方法,将农村流动人口所拥有的社会资本划分为他们进入城市之前在乡土社会中形成的原始社会资本和进入城市社区后有意识或无意识地建立起来的新型社会资本。他们认为从农村流入城市的流动者,与国际移民相类似,面临着突破在乡土社会中形成的原始社会资本的约束、建立新型社会资本的任务。由于样本数据限制,他们只度量了原始社会资本对流动者经济地位的影响,但无法直接度量流动者进城后所构建的新型社会资本及其影响。

曹子玮(2003)研究了再构建社会网对我国进城务工农民发展的重要性。他指出,在市场失灵、组织低效的宏观环境下,社会网就成为农民工获得城市资源的主要路径;而当原有的、在乡土社会就已存在的初级关系网络无法提供农民工预期的资源时,再建构城市的社会网就成为必然。曹子玮通过对样本数据和个案调查发现,农民工再构建社会网的规模与其在城市获取的物质资源存在正相关关系。曹子玮的再构建社会网分析与赵延东等的社会资本转换思路一脉相承,本质上都认为在新的社会环境下,个体原有的社会资本和社会网络不足以提供有价值的资源,因此将寻求有价值的新社会资本和社会网络进行投资,借此提升其经济和社会地位。与赵延东等不同的是,曹子玮在调查样本中设置了代表再构建社会网的变量,因而对再构建社会网的影响进行了经验估计,但这种估计只是简单回归和偏相关分析。

陈成文、王修晓(2004)研究不同社会资本与农民工生活满意度和职业声望之间的关系。在他们的统计分类中,亲戚为强关系,代表原始社会资本;本地人为弱关系,代表新型社会资本。他们分别考察农民工首次求职和目前求职两种情况下,主要交往对象为本地人即拥有较多新型社会资本与职业声望之间的关系。回归显示,农民工首次求职情况下,新型社会资本越多,职业声望越高;目前求职情况下,两者之间却成反方向变化。这种很难做出合理解释的回归结果,可能与该研究的样本量(305份问卷)不够大、代表性欠佳有关。

本章使用2007年北京市农民工调查数据对农民工社会资本转换问题进行实证研究。我们沿用赵延东、王奋宇(2002)对农民工原始社会资本和新型社会资本区分的基本思路,将前者定义为农民工进城前在乡土社会中形成的社会关系网络,其特点是以血缘和狭小的地缘为基础,后者定义为进城后有意识或无意识地重新构建的社会关系网络,其特点是以业缘和原来更大范围的地缘[①]为基础。针对原始社会资本和新型社会资本对收入的不同影响,现有研究缺乏完整的实证比较分析,我们首次利用数据进行了完整的对比分析,在实证分析的基础上得出社会资本转换对收入具有不同影响的结论;与已

---

① 进城后,"同乡"的概念可能由同一乡镇扩大到同一县、市甚至省,离开家乡越远,同乡的地域概念就越广。

有关于农民工原始社会资本、新型社会资本的研究不同,我们关注的不是社会资本转换对农民工净收益、职业声誉和生活满意度的影响(陈成文、王修晓,2004),而是对农民工的打工收入的影响,我们的因变量是使用不同口径计算的以保证稳健性的月收入;已有研究有的由于数据限制而没有进行经验检验(如赵延东、王奋宇,2002),有的尽管进行了经验检验但只是进行了简单回归分析和偏相关分析(如曹子玮,2003),我们的研究结论则在解决了异方差和多重共线性等问题的基础上,进一步通过了严格的稳健性和内生性检验。

第二节　数据来源和描述性统计

(一) 数据来源

本章进行实证研究所用的数据来自北京大学经济学院"2007年在京农民工收入和社会网络状况调查",于2007年11月在北京进行。对社会资本的测量以定名法(name generators)为主,也有个别问题采取了定位法(position generators)的设计。抽样方法采取随机抽样和非随机抽样相结合的办法,由北京大学经济学院本科生调查员随机分组前往北京八个城区对不同行业的农民工聚居点进行随机访问。问卷全部采用当面填写方式,共获得1256份,其中合格问卷1238份,有效问卷率为98.5%。根据研究需要,我们剔除了204份报告的家庭承包土地数量为零的问卷①和86份"精英"农民工数据②，使得样本容量为948。行业分布情况见表6-1。

表6-1 样本中各种类型行业的分布情况（一） 观测值：948

		制造	建筑	住宿餐饮	批发零售	家居等服务	其他行业
频数		60	222	229	152	251	34
行业类型分布（%）		6.33	23.42	24.16	16.03	26.48	3.59
男性比例（%）		61.66	91.89	38.86	46.05	66.53	85.29
行业的收入类型分布（%）	包吃	25.00	0.45	6.99	6.58	7.57	2.94
	包住	11.67	30.18	2.18	11.84	6.77	2.94
	包吃包住	40.00	49.55	83.41	30.92	58.17	50.00
	不包吃不包住	23.33	19.82	7.42	50.66	27.49	44.12
	合计	100	100	100	100	100	100

（二）样本的描述统计

1. 农民工的月收入

我们的被解释变量为农民工的月收入。从表6-3中可以看到，每月工作小时数的标准差（73）相对于均值（286）很小，因此我们没有采用小时工资率，而是直接使用每月收入。农民工报告的月收入（wage）可以分为包吃、包住、包吃包住和不包吃不包住4种，见表

---

① 本章所界定的农民工是指进城前拥有土地并务农的农民，因此我们剔除了家庭土地承包数量为零的样本。事实上，土地承包数量为零的人也很可能是农民出身，只是由于征地等原因失去了承包土地。

② wage大于等于5000元的人数只有20个，最大值为20000，这些人不是一般的"农民工"，并不在我们这次的研究范围内。需要说明的是，经过调整后得到的income1有少数略大于5000，最大值为5104，见表6-3。

6-1、表 6-2。由于在一般性劳动力市场上,吃住费用包括在收入中,因此我们认为有必要对农民工的收入进行"还原"处理,将他们的吃住费用还原为工资收入,否则各种类型的收入之间不能直接比较。我们以不包吃不包住的农民工的月收入为基准,对前三种收入使用了两种算法进行"还原"。① 之所以计算两种不同口径的月收入,是为了在计量分析中稳健起见。

表 6-2　样本中各种类型行业的分布情况(二)　　观测值:948

收入类 型分布	频数	收入类型分布(%)	不同收入类型的行业分布(%)						合计(%)
			制造	建筑	住宿餐饮	批发零售	家居等服务	其他行业	
包吃	62	6.54	24.19	1.61	25.81	16.13	30.65	1.61	100
包住	115	12.13	6.09	58.26	4.35	15.65	14.78	0.87	100
包吃包住	535	56.43	4.49	20.56	35.70	8.79	27.29	3.18	100
不包吃不包住	236	24.89	5.93	18.64	7.20	32.63	29.24	6.36	100

---

① 具体方法如下:

方法一:以不包吃不包住农民工的月工资均值(1 480.932,单位为元,下同)减去其每月饮食费用均值(360.1271)和住宿费用均值(250.4025)得到净收入均值(870.4024),再分别用吃、住费用的均值除以其净收入的均值,得到吃、住费用占净收入的比例(41.37%和28.77%),最后,将前三种农民工的工资分别加上相应的吃、住费用比例进行调整,得到income1。观测值有 948 个,其均值为 1 780.01,标准差为 811.21,比较接近不包吃不包住农民工的水平(收入均值 1 480.93,标准差 695.62),说明我们的还原方法还是比较合理的。具体调整方式如下:

对只包吃的农民工:income1 = wage * (1+0.4137)
对只包住的农民工:income1 = wage * (1+0.2877)
对包吃包住的农民工:income1 = wage * (1+0.4137+0.2877)
对不包吃不包住的农民工:income1 = wage

方法二:更现实地,考虑到包吃包住的条件往往较差并减少了农民工的消费自由度,我们还应当估算第二种月收入(income2)。即将前述吃、住费用占净收入的比例各乘以 0.50,再按照前述方法进行调整得到 income2,其均值为 1 515.925,标准差为 669.635,均接近 income1,和不包吃不包住农民工(收入均值 1 480.93,标准差 695.62)更为接近,因此第二种算法可能更接近"客观"情况。

2. 农民工的原始社会资本变量

农民工的原始社会资本变量包括：

(1) 家庭 15 岁以上人数(family15up)。因为家庭中每个人背后都有一个不同的社会网络，这些网络不可能完全重合，所以我们将其作为原始社会资本的一个变量。

(2) 已结婚或曾经结婚(married1)。结婚意味着组成新家庭，从而带来配偶的原有社会网络。

(3) 在北京的同学数(clsmate)。我们默认同学关系是在来京打工前建立的。

(4) 在京有北京户口的亲戚数(bjrelative)和在京有外地户口的亲戚数(wdrelative)，我们也默认亲戚关系是在来京打工前建立的。

我们把农民工在北京的亲戚(包括北京本地人和外地人)作为强关系，而把认识的其他人作为弱关系。[①]

(5) 是否通过亲朋好友介绍找到在北京的工作(jobfrdkin)。我们使用的样本中没有严格区分"亲戚"和"朋友"，故采用"亲朋"来统一表示。jobfrdkin 表示对原始社会资本的动用。

3. 农民工的新型社会资本变量

我们把农民工社会资本转换理解为农民工在就业城市或地区寻求有价值的社会资本和社会网络进行投资，以求提升自己的经济和

---

① 在边燕杰、张文宏(2001)的研究中，他们把相识定为弱关系，将朋友和亲属定为强关系。而赵延东、王奋宇(2002)则把亲戚定义为强关系，把同乡、同学、朋友定义为弱关系。前者研究的是城市求职者的情况，而后者针对城乡流动人口。Lin(1999)则把亲属作为强关系，非亲属作为弱关系。虽然林南把亲属作为强关系，但他认为其他社会关系(如同事、校友、地缘关系)也可以是强关系。

社会地位。这种新社会资本投资和社会网络关系发展通过两种渠道实现:一是基于城市就业的业缘和城市居住地的新社会关系的建立和发展,二是对进城务工前已经积累起来的基于亲缘和地缘的原始社会资本和社会网络进行新投资。这些新投资很可能是农民工为适应城市发展有选择地进行的;而且,进入城市工作和生活了一定时间的亲朋,也可能建立起各自基于业缘的新型社会资本和社会网络,他们之间的交往将扩大他们彼此之间的新型社会资本和社会网络。

我们将农民工对新型社会资本的投资作为其新型社会资本存量的代理变量,这些投资包括亲友聚会花费占每月收入的比例(gtshare)、每年聚会次数(juhuifrqc)、在北京过去的一年有无赠送礼物或金钱(gift)。

虽然老乡、同事和朋友中的一部分可能是在老家就认识的,但基于我们的调查数据,可以推断以上在城市中的社会资本投资属于新型社会资本。本次调查显示,受访农民工中只有16.99%的人回答自己在业余时间接触最多的是亲戚和同学(其中亲戚占13.61%,同学占3.38%),而有83.01%的农民工回答自己在业余时间接触最多的是老乡、同事和朋友。我们由此推断,样本中农民工在城市中交往的开销主要用于老乡、同事和朋友等新网络的拓展上;即使老乡和朋友中的一部分可能是在老家就认识的,但考虑到这些在城市中的老乡和朋友也积累了一定的新型社会资本,带来的资源和信息流动也是不同于原始网络的。进一步地,出于相同的理解,样本农民工在京的随礼支出即使是用于亲戚和同学的交往上,也将有利于他们新型社会网络的维持和拓展。

更重要的是,我们把以上变量作为新型社会资本的代理变量,只会低估而不会高估新型社会资本对收入的作用,从而使新型社会资本收入回报有作用的结论更稳健。这基于以下理由:章元、陆铭(2009)研究了社会网络在城市劳动力市场上对于农民工工资水平的影响。他们使用了中国家庭收入调查 CHIPS 2002 中的 9200 家农户数据,使用农民家庭在 2002 年曾经赠送过礼品或金钱的亲友数量作为家庭所拥有的亲友数量的代理变量,又用家庭在 2002 年赠送给亲友的礼金价值占 2002 年家庭总支出的比例作为家庭社会网络的第二个代理变量。这两个变量其实基本上可以认定都是用于代表原始的乡村社会网络资本,而不是用于城市中社会新网络的投资[①],他们得出的结论是"只有非常微弱的证据表明拥有更多的社会网络能够直接提高农民工在城市劳动力市场上的工资水平"。因此,当老乡和朋友中一部分可能是在老家就认识——根据章元、陆铭(2009)的发现——那么我们的回归系数将低估这种用于老乡、同事和朋友的新网络扩展上的开销的经济回报,除非我们的证据比章元、陆铭(2009)的还微弱。限于调查问卷数据,我们暂且使用这个变量,但不会高估对新网络投资的经济回报,结果应该是可靠的。[②]

4. 农民工的人力资本变量和其他控制变量

包括年龄(age)、教育程度(edu)或者教育年限(schooling)、职业培

[①] 我们注意到,章元、陆铭(2009)使用的是 CHIPS 2002 中的农户入户调查数据,相关问卷提的问题属于本研究所讨论的原始社会资本范畴,具体如下:《问卷1:农村住户调查表》(第617号题):2002年住户总支出(元)中的其他支出:617a. 送给亲戚/亲属的礼品或礼金等;617b. 送给邻居朋友的礼品或礼金等;617c. 送给乡村干部的礼品或礼金等。《问卷2:农户社会网络、村级事务》(第30号题):请问在2002年一年中,您一共给多少熟人送过礼物(包括礼金)?

[②] 以上只是根据相关文献和数据进行的推理,将来我们可以用新的调查数据进一步验证。

训(train)、外出打工时间长度(workexpr)、在京工作时间长度(workexprbj),其余的控制变量包括行业虚拟变量(indus1—indus5)、性别(sex)、是否认识党政机关人员(frdgov)、是否认识企业管理人员(frdqs)。

表6-3 变量的描述统计

变量	变量含义	观测值	均值	标准差	备注
income1	收入(核算法1)	948	1780.01	811.21	单位:元/月
income2	收入(核算法2)	948	1515.93	669.64	单位:元/月
age	年龄	948	29.62	10.87	单位:年
edu	所受教育等级	947	2.94	0.80	1—6表示教育级别*
schooling	所受教育年限	947	8.67	2.73	单位:年
train	是否接受过职业培训	948	0.33	0.47	培训=1,否则=0
workexpr	外出打工时间长度	948	6.02	5.60	单位:年
workexprbj	在京工作时间长度	927	3.88	4.22	单位:年
family15up	家庭15岁以上人数	947	4.27	1.83	单位:人
married1	已结婚或曾经结婚	948	0.53	0.50	已/曾婚=1,否则=0
clsmate	在北京的同学数	948	1.83	5.91	单位:人
bjrelative	在京亲戚数量	948	0.65	2.85	单位:人
wdrelative	在京外地人亲戚数量	948	2.65	4.62	单位:人
jobfrdkin	工作是否亲朋介绍	948	0.69	0.46	靠亲朋得工=1,否=0
gtshare	月收入中聚会花费占比	942	0.02	0.06	—
juhuifrqc	在京每年聚会次数	940	4.84	8.98	单位:次/年
gift	在京过去一年是否随礼	948	0.45	0.50	去年随礼=1,否=0
frdgov	是否认识党政机关人员	946	0.13	0.34	有=1,无=0
frdqs	是否认识企业管理人员	935	0.27	0.44	有=1,无=0
hrsmth	每月工作小时数	946	285.99	73.93	单位:小时/月
indus1	是否属于制造业	948	0.06	0.24	是=1,当indus1—indus5均取零值时为"其他行业";用观测值个数乘以均值,可得在各个行业的人数
indus2	是否属于建筑业	948	0.23	0.42	
indus3	是否属于住宿餐饮业	948	0.24	0.43	
indus4	是否属于批发零售业	948	0.16	0.37	
indus5	是否属于家居等服务业	948	0.26	0.44	
sex	性别	948	0.63	0.48	男=1,女=0

注:* 教育级别:1=未受教育,2=小学,3=初中,4=高中或中专,5=大专,6=本科及以上。

第三节 研究假设

根据本章第一部分相关理论和实证研究文献,以及本章调查数据的结构,我们提出如下待检验假设。

(一) 原始社会资本假设

调查数据发现,中国贫困地区农村居民的社会网络资本是一种较封闭的传统型乡村网络,居民社会网络资本关系种类比较单一(黄瑞芹,2009),以高趋同性、低异质性为特征(张文宏等,1999),因此农民工在农村原有的社会网络具有很强的同质性。尽管农民家庭中每个人背后都有一个不完全相同的社会网络,家庭人口越多,网络规模越大,但家庭成员社会网络的趋同性使得这种网络内流动的信息和资源趋同,使得网络规模的扩大难以带来收入回报的提升。农民工结婚意味着组成新家庭,带来配偶的原有社会网络。一般来说,农民工结婚对象仍然是农民或者农民工,尽管结婚意味着正式成人和社会网络的扩大,但是由于社会分层以及中国"门当户对"的结婚观念,结婚带来的社会网络仍然具有非常强烈的同质性。在京农民工的同学关系一般来说都是在来京打工前建立的,而且也是以农民工为主,属于农民工的原始社会网络。可以看到,以上变量表征的农民工原始社会资本都具有极强的同质性,因此难以带来异质性的资源和信息流动,即使发挥作用也主要是加快工作搜寻和匹配的速度。在劳动力市场信息不充分的条件下,农民工主要通过私人网络关系去寻找工作。利用网络寻找工作虽然能够节省找工作时间和金钱成本,但是不一定能使他们得到工资较高的工作岗位(刘林平等,2006)。

因此我们有以下关于社会资本(original social capital,OS)的假设:

假设 OS1:家庭人数、婚姻状况对于农民工的打工收入没有影响。

假设 OS2:在京同学数量对于农民工的收入没有影响。

社会资本相关研究中最有影响的概念是由 Granovetter(1973)提出的强关系(strong ties)和弱关系(weak ties)。他认为人际关系的强度是时间、感情强度、亲密度(相互信任)以及表征这种关系的互惠服务的组合,这种组合很可能是线性的。Granovetter(1973)的弱关系假设认为,求职者要想得到一份职业,其获得信息的途径主要来自那些关系不亲密、交往不频繁的人群。Lin(1982)扩展和修正了 Granovetter 的弱关系假设,提出了社会资源理论,认为弱关系不仅能帮助获取有效信息,还可以获取不同资源,改变了以前认为资源只能为占有者所用的观点。当人们追求工具性目标时,弱关系为阶层地位低的人提供了连接高地位的人的通道,从而获得社会资源。根据 Granovetter(1973)提出的强关系和弱关系假设,以及 Lin(1982)的修正和扩展,我们提出:

假设 OS3:在北京的亲戚网络规模大小对于农民工的收入影响不显著,即强关系对农民工收入没有影响。

(二)新型社会资本投资假设

通过构建新型社会资本,可以更好地传递个人的能力信号,减少信息不对称,提供一定的隐形"担保"。因此,作为理性经济人的农民工,将遵循 MR=MC 的原则,在既定的约束下进行新型的社会资本投资,直到投资的边际成本等于投资的边际收益为止。Yueh(2004)提出一个社会资本投资模型,将社会资本投资看作是一种成本收益决策,考虑了时间、物质(如货币与实物礼品)和非物质资源(如感情、友谊)等因素,这些因素以经济或非经济收益的形式折算成未来预期收益的现值。经济收益可以是通过关系找到一份工作,非经济收益可能是广交朋友或是保持亲戚间的和睦友好关系的效用。Yueh 推导出,均衡的一阶条件要求投资于社会资本的边际成本的现值等于未来收益的现值。在社会资本投资有收益的条件下,农民工会一直投资到边际收益等于边际成本时为止。在均衡的一阶条件下,农民工在北京上一年送礼花费越大(或是否送礼)或者每月的收入中用于亲友聚会所占比例越高,说明社会资本投资越大(即边际成本越大),那么未来收益的现值就会越大。假定未来收入的现金流比较均匀而且回报不需要太长时间的话,近期的收入应该会上升。虽然未来的收入回报可能要过几期才能出现,也可能是开始回报很小再慢慢变大,甚至规律性不强,这都可能导致投资后的近期内收入回报不显著。但是,考虑到进行社会资本投资的连贯性(有条件的人和喜欢投资的人会长期地投资于社会网络),以及农民工群体内部不同年龄段和不同回报期的相互平衡性,那么我们猜测新型社会资本投资会有经济回报。因此我们有下述关于新型社会资本(new social capital, NS)的假设:

假设 NS1:农民工在北京送礼花费越大,表示社会资本投资越大,相应地收入也越高。

假设 NS2: 每月的收入中用于亲友聚会所占比例越高,表示新型社会资本投资强度越大,则收入越高。

曹子玮(2003)提出农民工在城市的社会行动有两个首要的驱动力:第一是保持已有的有价值的资源;第二是获取尚没有的有价值资源。按照林南(1998)的观点,前者所导致的行动可称为"情感性行动",后者所导致的行动可称为"工具性行动"。这构成了网络社会资本中的工具性和情感性社会资本维度。每年聚会次数多不一定代表投入的金钱多,但是至少说明投入了更多的时间和感情。聚会次数不能代表工具性社会资本投资,代表的更多是感情诉求的需要强度,也可能是保持已有的有价值资源,因此有:

假设 NS3: 聚会次数不是真正的工具性社会资本投资,而是情感性的社会资本投资,可以提高非经济的收益(生活满意度),但对工资性收入很可能没有影响。

第四节 实 证 分 析

(一)对异方差、自相关和多重共线性的处理

我们第一步设定的回归模型为:

$$\ln y_i = \alpha_0 + \beta X_{1i} + \gamma X_{2i} + \delta Z_i + \varepsilon_i \qquad (6\text{-}1)$$

其中,X_1 为原始社会资本,X_2 为新型社会资本,Z 为人力资本和其他控制变量。

为了解决异方差问题,我们使用了稳健加权最小二乘法估计,该方

法采用再加权最小二乘法加上 Huber 和双权数函数，并按 95% 的高斯效率调整。对因变量也作了取对数处理，这进一步减少了异方差性。另外，由于该调查结果是横截面数据，我们可以不考虑序列相关性。

对所有解释变量进行相关系数检验后，将相关系数高或者有对应关系的变量分开，在不同模型中分别进行回归，以避免多重共线性。如文化程度（edu）和受教育年限（schooling）的相关度达到 0.9772，工龄（workexpr）和在京工龄（workexprbj）相关系数达到 0.7447。考虑到年龄（age）和已结婚（married1）的相关系数达到 0.7324，并且和 edu、schooling、workexpr、indus2（建筑业）的相关系数分别为 −0.3348、−0.3511、0.3724、0.3465，虽然不是很高，但是涉及面广，因此我们在 model5 和 model6 中将 age 及其平方项删除。这样，进入 model3—model6 的解释变量之间的 Pearson 相关度不高，绝大部分都在 0.2 以下（大部分在 0.1 以下）。在对表 6-4、表 6-5 模型进行 VIF 检验后发现，除了那些有二次项的变量的方差膨胀因子超过 10[①]，其余都在 10 以下。在多重共线情况下，变量的系数估计量仍然是一致的，只是可能因为方差过大而影响显著性。但是，我们发现这些变量的显著性都不受影响，而且经济意义合理。另外，经过以上处理后（如在 model5 和 model6 中删除年龄及其平方项），我们最关心的社会资本变量不受方差膨胀的困扰。因此，多重共线性不再是问题。回归结果的具体解释见本节第（四）部分。

---

① 只有 age、schooling、workexpr 和 workexprbj 分别与其平方项相关系数高，但这在回归方程中一般不是问题，是正常的。参见 Chapter 7：Regression Diagnostics，*Statistics with Stata：updated for version 9*，Hamilton, Lawrence C. Cengage Learning, 2006。

(二) 收入核算的稳健性检验

由于有多种核算收入的方法,为了得到稳健的估计结果,我们应该对多种收入核算方式取自然对数后分别进行 OLS 回归。这里我们对 income1 和 income2 进行核算。

为节省篇幅,表 6-5 只列出社会资本变量的输出结果[方程(7)—(12)分别对应方程(1)—(6)]。从表 6-4、表 6-5 中可以看到,不论作为因变量的对数收入是使用 ln income1 还是 ln income2,各系数估计值显著性的区别都不大,数值差距不大而且符号方向也几乎没有变化。因此,可以认为两种收入的算法都是非常稳健的。若考虑到 income2 和不包吃不包住农民工的收入均值、标准差更为接近,我们在以后分析中都采用 income2。

(三) 收入的内生性检验

下面的分析中,我们删除经过冗余检验不显著的原始社会资本变量和部分控制变量(在表 6-4、表 6-5 中也不显著),保留新型社会资本变量(X_2)、人力资本变量和部分其他控制变量($\widetilde{Z}$)如行业、性别,得到的回归模型为:

$$\ln y_i = \alpha_0 + \gamma X_{2i} + \delta \widetilde{Z}_i + \varepsilon_i \tag{6-2}$$

根据以往的经验研究(Topel,1991;Altonji & Shakotko,1985;Felli & Harris,1996;Neal,1995;Bratsberg & Terrell,1998),工作经验和培训两个变量可能存在内生性,但王子、叶静怡(2009)使用本章相同的样本进行了工作和培训变量内生性检验,并没有发现它们存在

表 6-4 对数收入 ln income1 的 OLS 和 RWLS 回归结果

方法	OLS	OLS	RWLS	RWLS	RWLS	RWLS
模型	(1)	(2)	(3)	(4)	(5)	(6)
人力资本:						
age	0.0240**		0.0243**	0.0243**		
	[0.0106]		[0.00980]	[0.00983]		
agesqr	-0.000336**		-0.000347***	-0.000346***		
	[0.000139]		[0.000128]	[0.000128]		
edu	0.0468***	0.0485***	0.0441***		0.0477***	0.0448***
	[0.0176]	[0.0175]	[0.0162]		[0.0161]	[0.0159]
train	0.105***	0.108***	0.0947***	0.0947***	0.101***	0.0915***
	[0.0286]	[0.0285]	[0.0265]	[0.0265]	[0.0262]	[0.0263]
workexpr	0.0167**	0.0306***	0.0170**	0.0169**	0.0334***	
	[0.00820]	[0.00632]	[0.00758]	[0.00759]	[0.00581]	
workexprsqr	-0.000544*	-0.000964***	-0.000576**	-0.000574**	-0.00108***	
	[0.000302]	[0.000248]	[0.000279]	[0.000279]	[0.000228]	
workexprbj	0.0193**		0.0203**	0.0205**		0.0396***
	[0.00970]		[0.00896]	[0.00898]		[0.00727]
workexprbjsqr	-0.000697		-0.000763*	-0.000771*		-0.00149***
	[0.000474]		[0.000438]	[0.000439]		[0.000373]

(续表)

方法	OLS	OLS	RWLS	RWLS	RWLS	RWLS
模型	(1)	(2)	(3)	(4)	(5)	(6)
原始社会资本:						
family15up	−0.00119	−0.00537	−0.00261	−0.00277	−0.00654	−0.00352
	[0.00705]	[0.00699]	[0.00652]	[0.00653]	[0.00643]	[0.00637]
married1	0.00473	0.0538*	0.0137	0.013	0.0515*	0.0548**
	[0.0440]	[0.0304]	[0.0407]	[0.0409]	[0.0280]	[0.0274]
clsmate	0.000812	0.00102	0.000221	0.000251	0.000406	0.00000987
	[0.00241]	[0.00244]	[0.00222]	[0.00223]	[0.00224]	[0.00221]
bjrelative	0.000179	−0.000649	0.00548	0.00564	0.00224	−0.0141***
	[0.00475]	[0.00478]	[0.00439]	[0.00440]	[0.00440]	[0.00436]
wdrelative	0.0014	0.00299	−0.0011	−0.00111	0.000594	−0.00108
	[0.00284]	[0.00285]	[0.00262]	[0.00262]	[0.00262]	[0.00261]
jobfrdkin	−0.0138	−0.00489	−0.0127	−0.0128	−0.0068	−0.0224
	[0.0277]	[0.0278]	[0.0256]	[0.0257]	[0.0255]	[0.0254]
新型社会资本:						
gtshare	0.364*	0.386*	0.224	0.227	0.244	0.299
	[0.199]	[0.202]	[0.184]	[0.184]	[0.186]	[0.183]
	(0.069)	(0.056)	(0.224)	(0.219)	(0.190)	(0.103)

(续表)

方法	OLS	OLS	RWLS	RWLS	RWLS	RWLS
模型	(1)	(2)	(3)	(4)	(5)	(6)
juhuifrqc	−0.0000147	0.000322	0.00204	0.00204	0.00240*	0.00214
	[0.00145]	[0.00146]	[0.00134]	[0.00134]	[0.00135]	[0.00133]
	(0.992)	(0.826)	(0.128)	(0.128)	(0.075)	(0.107)
gift	0.0768***	0.0938***	0.0672**	0.0676***	0.0781***	0.0746***
	[0.0283]	[0.0277]	[0.0262]	[0.0262]	[0.0255]	[0.0258]
	(0.007)	(0.001)	(0.010)	(0.010)	(0.002)	(0.004)
其他控制变量(为省篇幅,仅显示性别 sex):						
sex	0.126***	0.120***	0.134***	0.133***	0.133***	0.132***
	[0.0293]	[0.0292]	[0.0270]	[0.0271]	[0.0269]	[0.0267]
N	901	917	901	901	917	901
调整后的 R^2	0.201	0.185	0.222	0.221	0.207	0.212

注:方括号内的数字均为标准差,圆括号内的数字为 p 值。显著性符号 * 表示 $p<0.1$,** 表示 $p<0.05$,*** 表示 $p<0.01$。为了节省篇幅,本表删除了常数项、部分人力资本变量(schooling, schoolsqr)和其他控制变量(indus1, indus2, indus3, indus4, indus5, frdgov, frdqs)的输出结果。

表 6-5 对数收入 ln income2 的 OLS 和 RWLS 回归结果

方法	OLS	OLS	RWLS	RWLS	RWLS	RWLS
模型	(7)	(8)	(9)	(10)	(11)	(12)
family15up	0.00146	−0.00204	0.00295	0.00259	−0.000157	0.00304
	[0.00743]	[0.00733]	[0.00690]	[0.00689]	[0.00674]	[0.00671]
married1	−0.00165	0.0231	0.00635	0.00295	0.0275	0.028
	[0.0463]	[0.0319]	[0.0431]	[0.0432]	[0.0293]	[0.0289]
clsmate	0.000468	0.000699	0.000145	0.000386	0.000382	0.0000419
	[0.00253]	[0.00256]	[0.00236]	[0.00236]	[0.00235]	[0.00233]
bjrelative	0.00112	0.000113	0.00704	0.00751	−0.00035	−0.0152***
	[0.00501]	[0.00501]	[0.00465]	[0.00465]	[0.00461]	[0.00460]
wdrelative	−0.000566	0.000731	−0.00384	−0.00386	−0.00242	−0.00383
	[0.00299]	[0.00299]	[0.00278]	[0.00277]	[0.00274]	[0.00275]
jobfrdkin	0.009	0.0191	0.0149	0.0136	0.0203	0.00544
	[0.0291]	[0.0291]	[0.0271]	[0.0271]	[0.0268]	[0.0268]
gtshare	0.444**	0.467**	0.298	0.311	0.32	0.385**
	[0.210]	[0.212]	[0.195]	[0.195]	[0.195]	[0.193]
	(0.035)	(0.028)	(0.126)	(0.111)	(0.101)	(0.046)
juhuifrqc	−0.000000874	0.000284	0.00238*	0.00236*	0.00255*	0.00232*
	[0.00152]	[0.00154]	[0.00142]	[0.00141]	[0.00141]	[0.00140]
	(1.000)	(0.854)	(0.094)	(0.095)	(0.071)	(0.097)
gift	0.0624**	0.0819***	0.0557**	0.0560**	0.0691***	0.0645**
	[0.0298]	[0.0291]	[0.0277]	[0.0277]	[0.0267]	[0.0271]
	(0.037)	(0.005)	(0.045)	(0.043)	(0.010)	(0.018)
N	901	917	901	901	917	901
调整后的 R^2	0.171	0.16	0.181	0.183	0.174	0.177

注：方括号内的数字均为标准差，圆括号内的数字为 p 值。显著性符号 * 表示 $p<0.1$，** 表示 $p<0.05$，*** 表示 $p<0.01$。为了节省篇幅和突出显示，本表在表 6-4 的基础上进一步删除了人力资本等控制变量。

内生性问题。教育水平的内生性是公认的,但本章关注的重点是社会网络的内生性问题。由于我们使用的是"每月的收入中用于亲友聚会所占的比例(gtshare)",而不是"每月的亲友聚会花费金额",因此可以大大降低聚会花费对于收入的内生性影响。在前面表6-4、表6-5的回归中,gift和juhuifrqc显著影响收入,但是它们也可能受到收入的影响,从而具有联立性,我们使用工具变量方法解决这种联立性导致的收入内生性问题。首先,考虑从被删除的变量和样本中的其他变量寻找可能的工具变量。分别以送礼(gift)和聚会次数(juhuifrqc)为被解释变量,在0.20的显著性下进行逐步回归,结果如表6-6所示。

表6-6 对可能内生变量的回归结果

	gift	juhuifrqc
frdgov	0.170***	2.293**
	[0.000]	[0.012]
frdqs	0.214***	2.144***
	[0.000]	[0.002]
family15up	0.0164*	
	[0.053]	
married1	−0.0785**	−1.941***
	[0.013]	[0.001]
clsmate	0.00425	
	[0.118]	
wdrelative	0.0120***	
	[0.000]	
_cons	0.305***	5.023***
	[0.000]	[0.000]
N	932	924
调整后的 R^2	0.103	0.036

注:方括号内的数字为 p 值,显著性符号 * 表示 $p<0.1$, ** 表示 $p<0.05$, *** 表示 $p<0.01$。

我们选择 frdgov、frdqs、married1 作为工具变量（IV），下面对这些变量是否适合做工具变量进行一系列的分析和检验。

农民工大多在私营企业中从事着低技能、高劳动强度的工作（章元、陆铭，2009），已婚（married1）并不会在信誉保证（如业务员）等方面占据优势，也不会增加人力资本，因此并不会对收入产生直接的影响。从农民工的特点上看，是否结婚（或者说初婚年龄）对收入来说更是一个强的外生变量。农村的传统观念决定了绝大多数农民工到了一定的年龄，迫于家庭和农业社会的传统压力就会结婚，况且农民工在老家都有土地、房子和农业收入，所以是否结婚和在城市务工收入的关系不大。相反，城市青年更多地考虑房子问题和收入问题，收入状况和初婚年龄的相关性可能就较大。如前面表 6-4 中，在控制了年龄后，农民工是否已婚对收入均不显著，而在表 6-5 中无论是否控制年龄因素，婚姻状况全部不显著，也进一步从数据上支持了该变量是一个强外生的工具变量的推断。表 6-6 中婚姻对于送礼（gift）和聚会次数（juhuifrqc）的影响是负的，可能是因为已婚的农民工更加满足于家庭的小圈子而疏于社会交往。但不论影响的方向如何，至少都是非常显著的，从而满足工具变量的相关性要求。

农民工是否认识党政工作人员（frdgov）和是否认识企事业单位管理人员（frdqs），在我们的问卷中并不限定是在北京认识的，而且认识的这些人员并不一定在自己的工作单位，再加上农民工面临的是接近完全竞争的劳动力市场，在表 6-4、表 6-5 中都不显著，显示这些变量不会直接影响收入，满足工具变量的外生性要求。另外，认识这些人可能会对农民工投资社会资本产生影响，因为在中国这个关系型社会里,农民工可能过多地模仿党政和企事业工作人员送礼和培植关系网的行为方式,或者从他们那里得到更多的"指点",从而影响农民工的社会资本投资强度。表6-6也显示这两个变量对于送礼(gift)和聚会次数(juhuifrqc)的影响是非常显著的,从而满足工具变量的相关性要求。配对相关系数的显著性检验也发现工具变量(frdgov、frdqs、married1)和被工具变量(gift、juhuifrqc)之间有高度显著性,均小于0.001。

进一步地,分别以gift和juhuifrqc为因变量,以人力资本等控制变量(Z)、外生社会资本变量(gtshare)和可能内生的社会资本变量的工具变量(IV)做以下回归:

$$\text{gift}_i = \alpha_0 + \gamma Z_i + \lambda \text{gtshare}_i + \delta I_i + \varepsilon_i \quad (6\text{-}3)$$

$$\text{juhuifrqc}_i = \alpha_0' + \gamma' Z_i + \lambda' \text{gtshare}_i + \delta' I_i + \varepsilon_i' \quad (6\text{-}4)$$

经 Breusch-Pagan/Cook-Weisberg 检验,第一个方程为同方差,故使用 F 联合检验系数的显著性,显示 $F(16,909)=11.46$,第二个方程为异方差,故使用 Wald 检验,显示 p 值为 0.0000,因此可以认为 frdgov、frdqs、married1 和被怀疑的内生变量高度相关,适合做工具变量。

我们这里考虑四种豪斯曼(Hausman)检验的值。工具变量回归分别和稳健回归、OLS 回归进行对比,这种对比又分为保留或删除二次项和行业变量两种情况。这是考虑到由于二次项的加入有较大的多重共线性问题,因此在检验内生性时我们将不加入年龄和经验的二次项(agesqr 和 workexprsqr)。考虑到行业虚拟变量(indus1—indus5)显著性差异很大,也可能干扰 Hausman 检验的结果,故也删除。

如表 6-7 所示,从 Hausman 检验来看,四种 p 值均大大超过 0.10,有足够的把握不拒绝零假设(OLS 或 RWLS 回归和工具变量的系数估计量之间不存在系统的差异),OLS 或 RWLS 回归估计量相对于工具变量来说是一致的,不存在内生性。

表 6-7 Hausman 检验和 Sargan 检验

IV 方法(一致性估计)		IV(保留二次项和行业变量)		IV(删除二次项和行业变量)	
非 IV 方法(可能非一致估计)		对比 RWLS	对比 OLS	对比 RWLS	对比 OLS
Hausman 检验	$\chi^2(13)$	16.08	5.23	4.10	3.67
	$p>\chi^2$	0.2449	0.9697	0.8484	0.8859
Sargan 检验	Sargan $N\times R^2$	0.694	0.377		
	p 值	0.4049	0.5394		

从 Sargan 检验结果看,在 IV 方法下 p 值保留或者删除二次项和行业变量条件下分别为 0.40、0.54,大大超过 0.10,因此不拒绝 IV 估计的残差 e 对工具变量和其他外生的解释变量进行回归的所有系数都等于 0,即工具变量独立于 IV 估计的残差 e 的零假设,认为在过度识别条件下,工具变量外生性不能被拒绝。

从以上反复的检验来看,可以认为前面稳健回归的系数估计量是可信的。至少就我们模型中考虑的几种新型社会资本的代理变量来说,新型社会资本解释变量外生不能被拒绝,那么我们应该使用 OLS 以及 RWLS,而不是 IV,因为工具变量不是唯一的,其估计量有一定的任意性。这里 Hausman 检验所对应的 RWLS 和 OLS 估计的方程和表 6-4、表 6-5 有所不同,因为现在的回归中删去了 married1、frdgov

和 frdqs 并把它们作为工具变量。但是在新的模型中，其他变量的系数估计值及其显著性和表 6-4、表 6-5 中相比不应该有显著变化，因为 married1、frdgov 和 frdqs 跟收入是接近正交的关系。所以，我们可以继续关注表 6-4、表 6-5 中关键变量的系数及其显著性。

（四）计量结果分析

1. 农民工的原始社会资本

从表 6-4 中可以看到，农民工各种原始社会资本对收入的影响不显著。

在我们的样本中，家庭成员 15 岁以上的人数（family15up）对于收入影响不显著，这说明尽管家庭中每个成员背后都有一个不完全重合的社会网络，整个家庭的社会网络随着家庭人数的上升而扩大，但由于同质性很强（黄瑞芹，2009；张文宏等，1999），社会资本并无显著增加。

已结婚或曾经结婚（married1）对收入的影响，仅仅在表 6-4 中不控制年龄的 model2、model5、model6 条件下有 0.10 或 0.05 的显著性，但是在控制了年龄因素后的 model3、model4 中都是不显著的。进一步地，在表 6-5 中 model7—model12 都不显著，说明在排除年龄因素后，结婚与否对农民工收入并未产生显著影响。可能是由于农民工婚姻普遍具有"门当户对"的缘故，通过婚姻带来配偶的原有社会网络与自身的原有社会网络具有同质性。因此，假设 OS1 没有被证伪。

在北京的同学数量（clsmate）在所有的模型中都不显著，说明对农民工收入没有什么影响，假设 OS2 没有被证伪。clsmate 不显著的原因也和假设 OS1 类似。

在京且有北京户口的亲戚数(bjrelative)和在京有外地户口的亲戚数(wdrelative)都属于强关系,在各个模型中几乎均不显著,仅在 model6 中有一个显著,而且系数为负。假设 OS3 没有被证伪。

以"是否通过亲朋好友介绍找到工作(jobfrdkin)"[①]来代表的"使用的社会资本"在各个模型中均不显著,说明农民工是否动用原始的社会资本,对收入的影响不大。在我们的样本中,回答打工为何选择北京的问题时,有 46.88% 的人回答是因为亲戚朋友在北京,68.67% 的人回答工作是亲朋好友介绍的,这可以推测原始社会资本在农民工工作搜寻过程中的重要性,但是对其收入却没有什么影响。我们的研究证明了刘林平等(2006)的研究结果。假设 OS3 再次不能被证伪,Granovetter(1973)和 Lin(1982)的弱关系假设也不能被证伪。

在我们样本中,仅有 15.5% 的被访农民工回答有北京人亲戚,说明他们进城前积累的原始社会资本具有很强"三缘"性。即使这种社会资本随着家庭人口、亲戚、朋友和联姻而扩大,但极强的同质性使得这些变化对农民工进城后的就业收入影响并不显著。

2. 农民工的新型社会资本

表 6-4、表 6-5 中的数据显示,农民工新型社会资本对收入影响总体上是很显著的[②],尤其是表 6-5 的 income2。我们用收入 income2 及其拟合值对新型社会资本的三个变量分别画散点图和进行修匀(见

[①] 这次调研没有把"亲戚"和"朋友"清楚地区分开,但既然是帮助找到工作,一般可以列入原始社会资本。

[②] 即使那些未达到 0.10 显著性水平的模型也多数满足 0.15 显著性水平。

图6-1、图6-2、图6-3),可以看到两者之间的相关关系。① 新型社会资本的联合F检验的p值在表6-4的各模型中分别为0.0186、0.0020、0.0082、0.0071、0.0011、0.0011,在表6-5中为0.0078、0.0006、0.0052、0.0050、0.0005、0.0007。

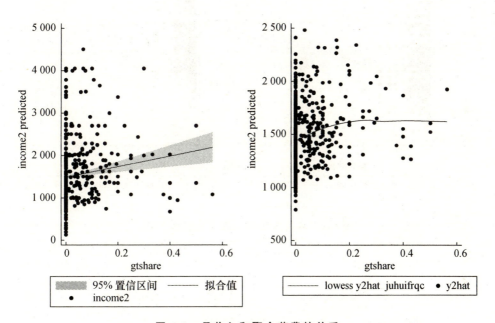

图6-1　月收入和聚会花费的关系

首先,社会资本投资中的"每月的收入中用于亲友聚会所占比例(gtshare)"对收入的影响在各个模型中都很显著,且其值为正,说明农民工群体花费在亲友聚会中的社会资本投资对其收入可产生正面影响。表6-4中,gtshare的回归系数大约在0.244到0.386,而按照gtshare的均值2.43%来算,回报大约介于3.05%到3.58%(即$e^{0.224} \times 0.0243$到$e^{0.386} \times 0.0243$)之间。注意,gtshare的标准差为6.47%,

---

① 送礼(gift)变量是0—1虚拟变量,但我们利用图6-3也能看到这种关系。

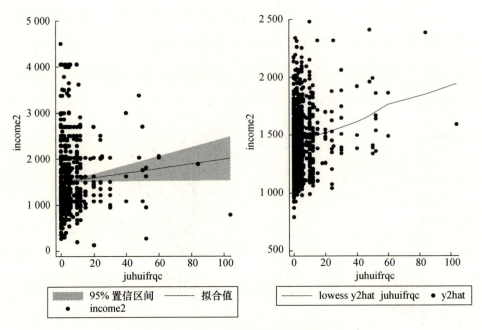

图 6-2　月收入和每年聚会次数的关系

如果在均值上增加一个标准差的投入比例,则投入月收入的 9.1%,将增加月收入 11.14% 到 13.09%。因此,每月的收入中用于亲友聚会所占比例越高,表示新型社会资本投资强度越大,从而可以减少信息不对称,或者提供一定的隐形"担保",这些都有利于在劳动力市场中获取更高的收入。假设 NS1 没有被证伪。

其次,是否送礼(gift)对收入影响在各个模型中也都很显著。在表 6-4 中系数介于 0.0672 到 0.0938 之间,说明送礼比不送礼的人将可望增加收入 6.95% 到 9.83%($e^{0.0672}-1$ 到 $e^{0.0938}-1$),减去相应的送礼价值(送礼价值的均值为 205.37,标准差为 382.72),则得到送礼的投资回报。不过,"礼"不是想送就能送的,在送礼前其实已经有一定的"关系"。过去一年在北京有送礼的农民工比没有送礼的农民

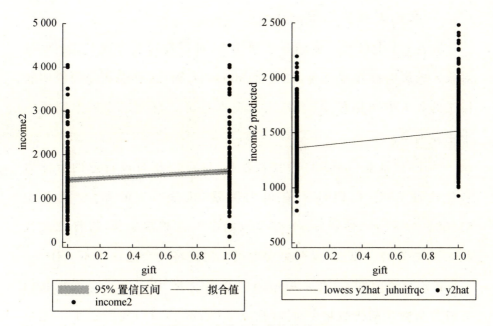

图 6-3 月收入和送礼的关系

工社会资本投资更大,这些新型社会资本在获取异质性资源和传递信息方面将发挥不同于原始社会资本的作用,使得收入相应地提高。假设 NS2 没有被证伪。

最后,每年聚会次数(juhuifrqc)在表 6-4 中仅有一个方程通过 0.10 的显著性检验,在表 6-5 中所有稳健加权最小二乘回归中对收入的影响通过 0.10 的显著性检验,但是值非常小,介于 0.00232 到 0.00255 之间,说明通过聚会所增加的社会资本对收入有影响,但是不大,如果考虑到聚会的成本(均值为 103.97),则可能为 0 或为负。这和林南(1998)对于"情感性行动"保持已有的有价值的资源的观点是一致的,说明聚会次数不是获取尚没有的有价值资源"工具性行动"。假设 NS3 基本没有被证伪。

3. 农民工的其他控制变量

从表 6-4 中以及后面的各个回归中,可以看到人力资本控制变量对收入的影响都非常显著,并符合 Mincer 方程,这可以从侧面说明农民工的收入市场化程度较高,人力资本是决定农民工收入差别的一个主要因素。

另外,建筑业(indus2)的收入较高,这可能是与该行业的重体力和危险性有关,也跟性别有很大关系(由表 6-1 可知,建筑业中 91.89％为男性);性别(sex)对收入的影响也非常显著,男性比女性收入平均高 12％以上,说明男女农民工的经济社会地位很不一样。

最后要说明的是,几个模型的拟合优度 R^2 均不高。考虑到我们分析的是微观调研数据[①],同时根据 Greene(2003),我们这里不是单纯地追求拟合优度,所以这也是合理的。

第五节 结论和讨论

本章最主要的结论包括以下几点。

第一,控制诸多个人因素以后,我们从对数据的计量分析发现,中国农民工的原始社会资本,包括他们的家庭人数、婚姻状况、在就业城市的同学人数和亲戚规模,均不影响他们进城就业的工资收入,与我们的假设一致。

第二,控制诸多个人因素以后,我们从对数据的计量分析发现,

---

① 由于微观调查数据受到人为理解和干扰的误差较大,其回归的拟合优度往往不如宏观数据。

中国农民工的新型社会资本,包括在就业城市送礼花费、收入中用于亲友聚会费用所占比例等进行的新型社会资本投资,均与他们进城就业的工资收入呈正相关关系。

本研究将农民工社会资本区分为原始和新型两个不同部分后加以考察得出的上述结论,通过了较为严格的稳健性和内生性检验。该结论不仅证实了赵延东等关于流动者进城后构建新型社会资本将对他们的经济地位产生影响的假设,而且支持我们对刘林平等人研究结论的猜测,即他们之所以得出社会资本对农民工工资水平没有显著影响的结论,可能是因为他们没有从原始和新型两个部分对农民工社会资本加以区分。

农民工如何才能突破他们进城前积累的原始社会资本,构建基于城市就业和生活的新型人际社会关系,实现社会资本转换,不仅关系到他们工资和收入水平的提高,直接影响他们个人和家庭的福利增进,而且可能成为影响他们是否能定居城市从而影响我国城市化进程的一个重要因素。从这样一个视角看,农民工社会资本转换就具有超出个体福利增进的意义,或者说这种转换可以形成有利于整个经济福利增进的正外部性。因为存在正外部性产品的投资水平常常低于社会最优水平,所以政府或宏观经济管理者只有在鼓励和促进农民工新型社会资本投资、实现社会资本转换上有所作为,才可能缩小私人投资与社会最优投资之间的差距。在城市接受职业教育和培训过程中形成的同学关系、与城市本地居民混合居住所形成的邻里关系、就业单位内各种社团活动带动的超出同乡间的交往,等等,都是农民工基于城市的社会人际关系拓展、新型社会资本积累的重要渠道。因此,政府对农民工教育培训投资不仅提升了农民工的人力资本,而且为农民工提供了一个基于城市生活的社会网络,间接地促进了农民工新型社会资本的积累;由政府主导的城市廉租房对低收入农民工开放,也同样具有超出解决民生问题和给农民工"国民"待遇的直接目标,具有提升农民工新型社会资本积累的作用;政府采取各种措施鼓励社会各个机构和单位积极接纳包括农民工在内的所有雇员参与各种社团活动,也同样可能产生一种不期而遇的结果——为农民工进行新型社会资本的个人投资和积累创造条件,促进农民工社会资本转换。

第七章　网络社会资本投资与乡-城移民

——基于转型期流动农民工的动态优化分析

改革开放以来,我国乡-城流动人员的规模不断增长,对劳动力优化配置、经济增长和城市化进程均有重大而深远的影响。据统计,1990 年全国有 3 400 万农村劳动力从农业部门迁移至非农部门,1999 年增至 6 700 万,而 2010 年农民工总量则达到 2.42 亿,其中外出农民工数量为 1.53 亿,到 2016 年农民工总量已达到 2.82 亿,其中外出农民工数量为 1.69 亿,这无疑是整个人类历史上规模最庞大的乡-城移民。在这个过程中,以"关系"为代表的网络社会资本无疑起到了促进劳动力市场信息流动和农民获得非农工作机会的作用,并起着增加农民收入、促进城市融入(Zhang & Li, 2003;周晔馨,2013),以及促进收入分化等作用(周晔馨,2012)。随着社会资本在经济发展中的作用受到越来越多文献的关注,现有的研究也开始注意到城市化进程中网络社会资本的作用,但基本上集中于经验实证分析层面,而对此过程中的作用机制缺乏理论探索。在存在着数量巨大的乡-城移民,同时社会关系网络又发挥着难以替代的作用,并且这种状况在可预见的将来仍将长期持续的情况下,建立和改进相关理论模型对乡-城移民的网络社会资本投资行为进行研究,不仅具有重要的理论意义,也具有重要的现实意义。

本章基于与网络社会资本投资密切相关的机会成本、风险、折旧和社区专用性等核心概念,并根据中国乡-城移民过程中的户籍等制度特征和农民工的人力资本、代际差别、外部性等时代特征,构建了一个农民工的网络社会资本投资与人力资本、迁移行为和社会环境等之间关系的经济控制论模型。本章发展了既有的网络社会资本投资模型,并解释了中国转型期中乡-城移民的网络社会资本投资行为的内在决定机制。

第一节 社会资本模型与乡-城移民:文献综述

在国际移民和我国乡-城移民的文献中,社会网络的作用不断被关注和证明。从国际上看,劳动力跨国移动过程的每一环节,诸如是否迁移、向何处迁移,以及在迁居地定居下来后对当地生活的适应等,都与该移民自身的社会网络密不可分(Ports,1995)。比如,贫穷的墨西哥农民在物质资源上可能非常匮乏,但他们拥有丰富的社会资本,这些社会资本可以使他们很容易地在美国找到工作并获得不错的收入(Massey & Espinosa,1997)。美国移民家庭社会资本对于他们获得"自雇"地位(Sanders & Nee,1996),以及社会资本在墨西哥移民迁移美国过程中所起的积极作用(Massey & Espinosa,1997;Massey et al.,1994),都不断地得到证明。现有的关于我国乡-城移民过程中农民工网络社会资本的文献主要集中在经验实证研究,主要包括研究网络社会资本的收入回报(章元等,2008;章元、陆铭,2009),新旧网络社会资本的转换(叶静怡、周晔馨,2010;赵延东、王奋宇,2002),网络社会资本对地位获得、职业声望和生活满意度的影响(陈成文、王修晓,2004;彭庆恩,1996),以及对非农就业和职业搜寻方面的作用(Zhang & Li,2003;张智勇,2005),但对于网络社会资本在流动劳动力或乡-城移民中的作用机制,却缺乏理论分析。

经济学界关于社会资本的研究以经验实证研究为主,但进行数理模型分析的文献也已初具规模,可以作为乡-城移民社会资本投资的经济学建模分析的基础。目前关于社会资本的理论建模主要包括以下几类:一是将社会资本作为一种非正式制度,分析它和劳动分工发展之间的协同演化(co-evolution)(Davis,2006);二是利用博弈论建模,分析社会信任等集体社会资本的结构和影响(陈健,2007;胡必亮,2004);三是在劳动市场经济学模型中引入社会网络变量,研究社会网络对就业和工资的影响,包括信息传递、信誉担保、筛选或屏蔽等传导机制(Delattre & Sabatier,2007;Montgomery,1991;Mortensen & Vishwanath,1994),以及身份定位机制(Akerlof & Kranton,2000;叶静怡等,2012),等等;四是认为个人社会资本或者网络社会资本类似人力资本,是可以投资的,从而发展出社会网络的动态差分方程投资模型(Gläser et al., 2002; Yueh, 2004;张军,1995)。在以个体为决策主体的社会资本投资模型中,Gläser et al. (2002)将社区居住概率、迁移折旧因子、集体社会资本引入模型,成为分析移民社会资本投资的一个基础模型。Yueh(2004)将时间和财物投入引入社会资本的生产函数,以性别差异为分析重点建立了一个社会资本投资模型,研究女性在劳动力市场上的表现。集体社会资本更多地被认为是历史遗留的,是在集体作用下经历较长时期甚至跨越多代人的历史过程中形成的,而一般认为是历史过程优化的产物,具有形成时间长、短期内难以变化的特点,因此很难作为最优化投资分析的目标。虽然基于集体的研究有时也以最优化作为组织原则,但是最优化的方法更倾向于在基于个体的分析中使用。个体的社会网络则具有相对较短的生命周期,受到家庭背景、家庭人力资本和个人人力资本的影响,同时也在相当大程度上由个体的投资决定。因此,一般的分析都集中于个体的社会资本投资。

  国际移民和乡-城移民中的流动劳动力,尤其是中国转型期城乡分割下的流动劳动力,为分析社会资本的最优决策机制提供了一个非常好的自然实验。我国媒体曾经称农民工为"盲流"。其实,农民也是非常理性的经济人(Schultz, 1964)。农民在乡-城迁移过程中,付出了巨大的心理、劳动和时间成本,必定会对时间、财物等资源进行优化,从而最大化一生的效用。他们不仅投资人力资本,还会投资于"关系"这种网络社会资本以利用蕴含在其中的资源,从而在人力资本、劳动时间和社会资本的均衡配置中得到更多的回报。农民工不仅拥有原始社会资本,而且还有动力在流入地投资社会资本,这使得他们的社会资本投资更多地以增量的形式表现出来,因此更容易测量,这对于理论和实证研究都提供了便利。由于城乡分割,他们在很大程度上类似国际移民,但基本上可以忽略语言上和文化上的差别,而这些都是跨国移民研究中的困难因素。

本章建模中的社会资本为个人的网络社会资本,也就是"关系"网络。Gläser et al.(2002)定义的个人社会资本是个人的一系列特质,包括社会技能、感召力,以及个人的同事、朋友等社会关系网络的规模,这些特质能够使个人在同其他人的互动中获取市场的或非市场的回报。① Knight & Yueh(2008)和 Yueh(2004)的定义更强调个人社会"关系"。对个体社会资本的实证研究更多地是基于社会网络或"关系",包括社会网络的规模、层级和异质性,以及参与的社团及其特征等(Grootaert,1999;Grootaert,2001;张爽等,2007;赵剑治、陆铭,2009),而有的文献则以对社会资本的投资作为社会网络关系的代理变量,如章元、陆铭(2009)和叶静怡、周晔馨(2010)。农民工的关系很大一部分是老乡"关系",即中国式的社会关系网络,这是他们拥有的原始社会资本。② 城市的社会网络中蕴含着各种信息和资源,但农民工相对城市居民具有相对的劣势,在城市中他们还需要投

---

① Gläser et al.(2002)的社会资本定义是人力资本的社会部分,既包括个人内在能力(如外向性和感召力)又包括社会资本投资的结果(如更大的社会关系网)。Gläser et al.(2002)认为很难区分这些性质,因此将它们混同起来。比如,"受大众欢迎"(popularity)既可以是内在的,也可以是后天努力产生的。

② 尽管可能有一定的裙带关系,但谈不上"腐败"。在城市中的网络社会资本方面,城市居民更占有优势。不管"关系"是否包含"腐败"因素,农民工和城市居民相比起来,都是处于劣势的。这里需要做的不是道德的说教,而是完善相关制度和提供公平的机会。

资于新型社会资本。综合考虑，本章采用 Lin(1999)的定义，即个人的社会关系网络。在实证研究中可以基于达高性、异质性和广泛性来刻画，这和大多数基于个体的社会资本实证研究是一致的，且符合个体的理性人原则(Lin,2001;周晔馨等,2013)。

本章建模思想的最初来源可以追溯到人力资本模型(Becker,1964;Schultz,1961)。基于成本-收益决策过程分析社会资本投资，并根据中国转型期的特点做出合乎现实的假设，本研究发展了一个动态优化模型并推出可检验的命题。本章与既有文献不同之处在于：第一，改进了社会资本投资的一般模型，如加入了社会资本的生产函数，并在该函数中引入了人力资本因素；第二，用建立的理论模型解释了乡-城流动劳动力的社会资本投资行为，补充了二元经济中的劳动力流动模型；第三，在模型中引入转型期中国的制度和历史特征，从而对城市化进程中乡-城移民的社会资本投资进行了合乎现实的理论解释。

第二节 理论假设和基本模型

本章分析框架为追求一生效用最大化的连续时间模型。基本思想是将人力资本因素纳入社会资本的生产函数，并基于社会资本专用性和人力资本的约束，以及户籍制度演变等因素，分析转型期乡-城流动农民工的网络社会资本投资行为。

(一) 假设

社会资本的生产主要由四个因素决定：(1) 礼物和礼金等支出数

量;(2)用于网络社会资本投资的时间支出,其机会成本为货币工资收入;(3)人力资本因素,这是因为不断有研究证明人力资本对社会资本有正向的影响①;(4)风险因子,因为关系网络的投资回报具有较大不确定性,所以需要一个风险因子。

乡-城移民可以选择的决策变量为网络社会资本投资所需要的时间和礼金、礼物等资源投入。时间的机会成本是工资收入,礼物和礼金的机会成本包括货币成本以及在选择礼物过程中投入的时间和感情,有时候财物本身价值可能不是很贵重,但选购和赠送礼物的过程中花费的时间、精力和投入的情感其实是很大的,正如有谚云"千里送鹅毛,礼轻情意重"。

一般而言,社会资本具有社区专用性和随时间折旧等特点。网络社会资本的价值和空间距离成反比(Gläser et al.,2002),如果移民离开城市社区,则他们在城市中获得的社会资本就会急剧下降而折损,这类似人力资本的公司专用性(Becker,1964)。在现实中,这反映为"远亲不如近邻"、"人走茶凉",等等。另外,社会资本和物质资本一样具有折旧性。如果不经常浇灌的话,"关系"这种网络社会资本也会随着时间的推移而减弱甚至衰竭。因此,中国自古就有"礼尚往来"、"投之以桃,报之以李"诸如此类的谚语,以维持"闲时多烧香,急时有人帮"的效果,否则如果长期不交往,再好再亲密的关系难免也会随着时间的流逝而"桃花依旧,物是人非"。

社区专用性、风险与折旧等特点来源于网络社会资本本身的特

---

① 比如,教育对于社会信任和社会参与有正的效应(Huang et al.,2009)。

性,但程度也受到时代、环境等的影响。社会资本生产函数在每一时期制造社会资本的增量,使得它类似"制成要素"(produced factor),并在迁移概率、社区专用性和折旧率的共同作用下实现社会资本的积累。

在转型期的中国,除了上述一般属性以外,社会资本的其他属性还受到户籍等制度因素,以及乡-城移民群体自身特点的影响。比如,"80后"新生代农民工和"80前"老一代农民工的人力资本、迁移模式和生命周期等都有较大的不同,因此社会资本的最优投资路径也可能不同。具体而言,表现在以下几方面。

(1) 由于"文革"、改革开放这两大历史背景造成了两代农民工之间人力资本的巨大差异,从而也对不同年龄段的农民工社会资本生产函数产生了重要的影响。我国大规模劳动力流动的一个特点是,新生代和老一代农民工之间在教育水平差异引致的人力资本等方面具有显著的区别,而且前者大大高于后者。这是"文革"以及紧接而来的改革开放两大历史事件造成的巨大区别:"文革"的十年极大地破坏了教育系统,而改革开放后政府提出"尊师重教"、"科教兴国",对教育的高度重视形成了两代农民工在人力资本水平方面的巨大差异。由于人力资本对社会资本有正向的影响(Huang et al., 2009),因此这种人力资本的巨大差异对社会资本生产也有重要的影响。

(2) 如果从网络社会资本的投资地向外迁移,则网络社会资本将因为社区专用性特点而迅速折损,因此迁移概率是影响社会资本投资的一个重要因素。迁移概率由农村城乡收入差别、户籍制度分割、文化认同、社会资本回报率等因素共同决定。城乡差别越大,由打工目的城市回流到农村的概率越低。户籍制度越是严格,则农民工回迁的概率就越大。新生代,尤其是第二代农民工,对城市文化更有认同感,因此更有倾向进城。老一代则更倾向回流农村,这和他们的文化认同以及原始社会关系网络是非常相关的。新生代农民工的原始社会资本存量低,但是人力资本存量高,投资城市新型社会资本的投入产出比更高而且回报期比老一代农民工更长,这些都增大了新生代向城市永久性迁移的倾向。相反,老一代的原始社会资本存量高、人力资本低,投资城市的新型社会资本的收益率低(周晔馨等,2013)。而且,老一代农民工的生命周期留下的时间更短从而导致投资的收益期短,这也使得其回流意愿更强。[①]

(3)社会资本具有外部性(Gläser et al.,2002),在转型期更具有特别的外部性。在转型期的中国,由于城乡劳动力市场和户籍制度的分割,以及社会保障制度的不健全,农民工的社会网络承担了许多功能,如信息流动(包括嵌入在网络中的职业、资源等信息)(Zhang & Li,2003)、信任(担保)和非正式保险(失业保险、救助)(郭云南、姚洋,2013),正所谓"在家靠父母,出门靠朋友"。投资网络社会资本不仅对投资者本人,而且对网络中的其他农民工也有上述正外部性。

(二)模型

乡-城移民每期的可支配时间为 $\bar{L}$,并在劳动、社会资本投资之间

[①] 如果新生代留城后,扩大了家庭在城市的社会网络,并能够负担养老的责任,则老一代会和新生代一起留城,而这和老一代对新生代进行人力资本投资和带到城市生活有关。

分配,这构成了其时间约束条件。移民的劳动收入可以分为两部分,一部分以消费和储蓄形式 $C(t)$ 直接进入效用函数,另一部分则转变为礼物和礼金并用于社会网络的投资,以通过网络社会资本间接地创造效用。因此,创造收入的可支配时间 $\bar{L}$ 也分为相应的两部分:用于社会资本投资的时间 $L(t)$,以及创造消费和储蓄的劳动时间 $\bar{L}-L(t)$。$L(t)$ 包括:(1) 用于礼物(金)的时间,包括礼物(金)耗费货币的生产劳动时间、投入的选购和情感占用等时间;(2) 社会交往的时间。$L(t)$ 中包含了在劳动力市场上已经实现为工资和经营性收入的一部分,但是为了简化又不失一般性起见,我们把产生该部分收入的直接生产性劳动时间也归入社会资本的投资 $L(t)$ 中,从而只包含一个控制变量。单位劳动的回报率[①]为 1。因此,有以下时间禀赋约束方程:

$$C(t) + L(t) = \bar{L} \tag{7-1}$$

移民的目标是在约束条件下最大化其一生效用。效用函数为可加形式,一部分为以消费和储蓄形式直接进入效用函数的 $C(t)$,这部分简化为风险中性的线性函数,因此可以直接用 $C(t)$ 表示;另一部分为 $S(t)R(\hat{S}(t))$,这是个人社会网络和社会网络外部性产生的协同效用。t 期个人在城市中的网络社会资本存量为 $S(t)$,其回报包括工具性和情感性社会资本的作用,前者主要是社会资本带来的货币收入增加(叶静怡、周晔馨,2010)以及帮助人们获得资源、提高经济社会地位(Bian, 1997; Bian & Ang, 1997;林南,2005),后者则主要是心理情感方面的获益。假定这些收益全部进入当期效用函数,从而产

---

① 因为乡-城移民不仅打工,也可能从事经营活动,因此本章没有使用工资率的概念,而是使用劳动回报率的概念。

生效用。$\hat{S}(t)$ 为 t 期的集体社会资本，即城市内移民群体的人均社会资本总量。$R(\hat{S}(t))$ 为集体社会资本的收益，$R'(\hat{S}(t))>0$ 表示网络社会资本的正外部性。个人视 $\hat{S}$ 为既定并在此条件下做最优化决策——因为个人一般认为自己对人均网络社会资本总量的影响微乎其微。[①] 因此，效用函数设为

$$U(\cdot) = C(t) + S(t)R(\hat{S}) \tag{7-2}$$

$$R(\hat{S}) = R(S_1, S_2, \cdots, S_N) \tag{7-3}$$

考虑到人力资本 h 和社会资本投资 $L(t)$ 对个人社会资本产出的作用，将社会资本流量 $I(t)$ 的生产函数设为[②]

$$I(t) = \beta h L(t)^\alpha, \quad 0<\alpha<1, 0<\beta<1 \tag{7-4}$$

其中 β 为风险折现因子。综上所述，设立动态控制系统如下：

$$\underset{L(t)}{\text{Max}} \int_{t=0}^{T} e^{-\rho t} [(\bar{L}-L(t)) + S(t)R(\hat{S})] dt \tag{7-5}$$

$$\text{s.t.} \quad \frac{dS(t)}{dt} = -\delta(\theta\phi + (1-\theta))S(t) + I(\beta, h, L) \tag{7-6}$$

$$I(t) = \beta h L(t)^\alpha \tag{7-7}$$

$$S(0) = S_0, \quad L(0) = L_0 \tag{7-8}$$

---

① 另一种思路是设定个人 i 视 S_j 为既定的情况下，$j \neq i$，将 $\hat{S} = (S_1, S_2, \cdots, S_N)$ 中的 S_i 作为最优化的对象，但这种做法经检验并不可行。原因在于：一是这种假定并不十分符合现实，二是这种外部性对个人的影响可能很小，三是加入这个考虑后，动态优化模型的求解变得异常复杂，难以求解。为了简化，即使假设集体资本 $\hat{S}$ 为移民群体中每个人的社会资本 S_i 的平均值的线性函数，即 $R(\hat{S}) = R(S_1, S_2, \cdots, S_n) = \frac{a}{n}\sum_{i=1}^{n} S_i + b$，模型也极难求解。

② 更一般的社会资本生产函数设为 $I(\cdot) = I(\beta, L(t), H(t))$。$I_\beta(\cdot)>0$，$I_L(\cdot)>0$，$I_{LL}(\cdot)<0$，$I_H(\cdot)>0$，$I_{HH}(\cdot)<0$，$0<\beta<1$。

式中 δ 为个人居住在原来社区的网络社会资本随时间的折旧率；θ 为离开其已经流入城市的概率，比如返乡或者到别的城市去的概率；ϕ 为离开其已经流入城市而发生的网络社会资本折损率；ρ 为个人的主观贴现率，ρ 值越大，表示个人对未来获得的效用评价越低。$\phi > \delta$，表示离开社区而导致的社会资本损失高于当期的自然折旧率，这是因为网络社会资本会因为距离而急剧下降（Gläser et al.，2002）。乡-城移民能够决策的为控制变量：社会资本投资 $L(t)$。状态变量为社会资本在时期 t 的存量 $S(t)$，它由社会资本投资 $L(t)$、社会资本折旧率（δ）、迁移概率（θ）等决定，社会资本在时期 t 的流量为 $I(t)=\beta h L(t)^{\alpha}$。

根据以上模型，设立 Hamilton 函数

$$H = e^{-\rho t}[(\bar{L}-L(t))+S(t)R(\hat{S}(t))] \\ + \lambda(t)[-\delta(\theta\phi+(1-\theta))S(t)+\beta h L(t)^{\alpha}] \quad (7\text{-}9)$$

令 $m(t)=e^{\rho t}\lambda(t)$，得现值 Hamilton 函数

$$H_c = [(\bar{L}-L(t))+S(t)R(\hat{S}(t))] \\ + m(t)[-\delta(\theta\phi+(1-\theta))S(t)+\beta h L(t)^{\alpha}] \quad (7\text{-}10)$$

由最优性条件可以得到

$$\frac{\partial H_c}{\partial L} = -1 + m(t)\alpha\beta h L(t)^{\alpha-1} = 0 \quad (7\text{-}11)$$

$$m(t) = \frac{1}{\alpha\beta h}L(t)^{1-\alpha} \quad (7\text{-}12)$$

由上式得到

$$\frac{\dot{m}(t)}{m(t)} = (1-\alpha)\frac{\dot{L}(t)}{L(t)} \quad (7\text{-}13)$$

又有

$$\dot{m}(t) = -\frac{\partial H_c}{\partial S} + \rho m(t)$$

$$= \rho m(t) - R(\hat{S}(t)) + [\theta\phi + (1-\theta)\delta]m(t) \quad (7\text{-}14)$$

由(7-13)式和(7-14)式,得

$$(1-\alpha)\frac{\dot{L}(t)}{L(t)}m(t) = \rho m(t) - R(\hat{S}(t)) + (\theta\phi + (1-\theta)\delta)m(t)$$

$$(7\text{-}15)$$

又由(7-12)式,有

$$\dot{L}(t) = \frac{\rho + \theta\phi + (1-\theta)\delta}{1-\alpha}L(t) - \frac{\alpha\beta h R(\hat{S}(t))}{1-\alpha}L(t)^{\alpha} \quad (7\text{-}16)$$

$$\dot{S}(t) = \frac{\partial H_c}{\partial m(t)} = -(\theta\phi + (1-\theta)\delta)S(t) + \beta h L(t)^{\alpha} \quad (7\text{-}17)$$

二阶条件满足

$$\frac{\partial^2 H_C}{\partial L^2} = \alpha(\alpha-1)\beta h m(t) h L(t)^{\alpha-2} < 0 \quad (7\text{-}18)$$

动态方程(7-13)和(7-14)给出了系统的动态特征。解得 $L^*(t)$、$S^*(t)$ 如下

$$L^*(t) = \left[\frac{\alpha\beta h R(\hat{S}(t))}{\rho + \theta\phi + (1-\theta)\delta}\right]^{\frac{1}{1-\alpha}} \quad (7\text{-}19)$$

$$S^*(t) = \frac{(\beta h)^{\frac{1}{1-\alpha}}}{\theta\phi + (1-\theta)\delta}\left[\frac{\alpha R(\hat{S}(t))}{\rho + \theta\phi + (1-\theta)\delta}\right]^{\frac{\alpha}{1-\alpha}} \quad (7\text{-}20)$$

现在讨论均衡点的稳定性。把动态方程(7-17)和(7-18)在均衡点附近进行泰勒展开,得到对应的线性化系统

$$\begin{bmatrix} \dfrac{dL(t)}{dt} \\ \dfrac{dS(t)}{dt} \end{bmatrix} =$$

$$\begin{bmatrix} \dfrac{\rho+\theta\phi+(1-\theta)\delta}{1-\alpha} - \dfrac{\alpha^2\beta hR(\hat{S}(t))}{1-\alpha}L(t)^{\sigma-1} & 0 \\ \alpha\beta hL(t)^{\sigma-1} & -(\theta\phi+(1-\theta)\delta) \end{bmatrix} \begin{bmatrix} L(t)-L^*(t) \\ S(t)-S^*(t) \end{bmatrix}$$

$$(7\text{-}21)$$

上面线性系统的两个特征根 μ_1 和 μ_2 满足

$$\begin{aligned}
\mu_1+\mu_2 &= \frac{\rho+\theta\phi+(1-\theta)\delta}{1-\alpha} - \frac{\alpha^2\beta hR(\hat{S}(t))}{1-\alpha}\left[\frac{\alpha\beta hR(\hat{S}(t))}{\rho+\theta\phi+(1-\theta)\delta}\right]^{\frac{\sigma-1}{1-\alpha}} \\
&\quad -(\theta\phi+(1-\theta)\delta) \\
&= \frac{\rho}{1-\alpha} + \left(\frac{1}{1-\alpha}-1\right)(\theta\phi+(1-\theta)\delta) \\
&\quad - \frac{\alpha^2\beta hR(\hat{S}(t))}{1-\alpha}\frac{\rho+\theta\phi+(1-\theta)\delta}{\alpha\beta hR(\hat{S}(t))} \\
&= \rho\left(\frac{1}{1-\alpha}-\frac{\alpha}{1-\alpha}\right) + \left(\frac{1}{1-\alpha}-1\right)(\theta\phi+(1-\theta)\delta) \\
&\quad -\frac{\alpha}{1-\alpha}(\theta\phi+(1-\theta)\delta) \\
&= \rho \\
&> 0
\end{aligned} \qquad (7\text{-}22)$$

$$\begin{aligned}
\mu_1\mu_2 &= \left\{\frac{\rho+\theta\phi+(1-\theta)\delta}{1-\alpha} - \frac{\alpha^2\beta hR(\hat{S}(t))}{1-\alpha}\right. \\
&\quad \left.\cdot\left[\frac{\alpha\beta hR(\hat{S}(t))}{\rho+\theta\phi+(1-\theta)\delta}\right]^{\frac{\sigma-1}{1-\alpha}}\right\}[-(\theta\phi+(1-\theta)\delta)] \\
&= -(\rho+\theta\phi+(1-\theta)\delta)(\theta\phi+(1-\theta)\delta) \\
&< 0
\end{aligned} \qquad (7\text{-}23)$$

因此,特征根 μ_1 和 μ_2 是实根,且它们中必有一根为正,有一根为负,因此 (S^*,L^*) 是系统鞍点稳定的均衡点。

如图 7-1 所示,系统的相位图给出了鞍点稳定路径。方程 $\dot{S}=0$ 和 $\dot{L}=0$ 把第一象限分成四个区域:Ⅰ、Ⅱ、Ⅲ和Ⅳ。在区域Ⅰ和Ⅲ,社会资本投资大于位于 $\dot{S}=0$ 时所需的社会资本投资,因此 $\dot{S}>0$,社会资本存量会增加。相反地,在区域Ⅱ和Ⅳ,社会资本存量会下降。在区域Ⅰ和Ⅱ,社会资本投资大于 L^*,因此 $\dot{L}<0$,社会资本投资劳动时间会减小。相反地,在区域Ⅲ和Ⅳ,社会资本投资会上升。

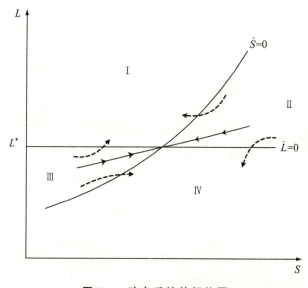

图 7-1 动态系统的相位图

第三节 模型分析和命题

在最优投资路径 $L^*(t)$ 和最优社会资本存量路径 $S^*(t)$ 上,分别对 h 求导,可得

$$\frac{\partial L^*(t)}{\partial h} = \frac{1}{1-\alpha} h^{\frac{\alpha}{1-\alpha}} \left[\frac{\alpha \beta R(\hat{S}(t))}{\rho + \theta\phi + (1-\theta)\delta} \right]^{\frac{1}{1-\alpha}} > 0 \quad (7-24)$$

$$\frac{\partial S^*(t)}{\partial h} = \frac{1}{1-\alpha} h^{\frac{\alpha}{1-\alpha}} \frac{\beta^{\frac{1}{1-\alpha}}}{\theta\phi + (1-\theta)\delta} \left[\frac{\alpha R(\hat{S}(t))}{\rho + \theta\phi + (1-\theta)\delta} \right]^{\frac{\alpha}{1-\alpha}} > 0$$

(7-25)

因此,如果只考虑乡-城流动前拥有的教育年限等初始人力资本,将教育类人力资本视为不随时期变化的常量,即 $H(t) = h$,可以得出如下命题:

命题 1(人力资本效应):如果个体在初始阶段拥有更高的人力资本水平,那么其对网络社会资本的投资高于初始人力资本水平低的个体,其社会资本最优存量也会更高。

进一步地,有如下推论:

推论 1:"80 后"新生代农民工本身受过更好的基础教育,而且相对于"80 前"老一代农民工年龄更小,也能更多地通过继续教育、就业培训和单位培训等途径进一步积累更高水平的人力资本,因此他们对社会资本的投资和社会资本存量都会高于老一代农民工。

由 $L^*(t)$ 和 $S^*(t)$ 分别对 θ 求导,又由 $\phi > \delta$,有

$$\frac{\partial L^*(t)}{\partial \theta} = (\alpha\beta h R(\hat{S}(t)))^{\frac{1}{1-\alpha}} (\rho + \theta\phi + (1-\theta)\delta)^{-\frac{1}{1-\alpha}} \frac{-(\phi-\delta)}{1-\alpha} < 0$$

(7-26)

$$\frac{\partial S^*(t)}{\partial \theta} = \frac{-(\beta h)^{\frac{1}{1-\alpha}}(\phi-\delta)}{[\theta\phi + (1-\theta)\delta]} \left[\frac{\alpha R(\hat{S}(t))}{\rho + \theta\phi + (1-\theta)\delta} \right]^{\frac{\alpha}{1-\alpha}}$$

$$+ \frac{(\beta h)^{\frac{1}{1-\alpha}}}{\theta\phi + (1-\theta)\delta} [\alpha R(\hat{S}(t))]^{\frac{\alpha}{1-\alpha}} [\rho + \theta\phi + (1-\theta)\delta]^{-\frac{\alpha}{1-\alpha}-1}$$

$$\cdot \frac{-\alpha}{1-\alpha}(\phi-\delta)$$

$$< 0$$

(7-27)

另外,又由 $L^*(t)$ 和 $S^*(t)$ 分别对 ϕ 求导,有

$$\frac{\partial L^*(t)}{\partial \phi} = (\alpha\beta h R(\hat{S}(t)))^{\frac{1}{1-\alpha}} \left(-\frac{1}{1-\alpha}\right)(\rho+\theta\phi+(1-\theta)\delta)^{-\frac{1}{1-\alpha}-1}\theta < 0$$

(7-28)

$$\frac{\partial S^*(t)}{\partial \phi} = \frac{-\theta(\beta h)^{\frac{1}{1-\alpha}}}{[\theta\phi+(1-\theta)\delta]^2}\left[\frac{\alpha R(\hat{S}(t))}{\rho+\theta\phi+(1-\theta)\delta}\right]^{\frac{\alpha}{1-\alpha}}$$

$$+\frac{(\beta h)^{\frac{1}{1-\alpha}}}{\theta\phi+(1-\theta)\delta}[\alpha R(\hat{S}(t))]^{\frac{\alpha}{1-\alpha}}[\rho+\theta\phi+(1-\theta)\delta]^{-\frac{\alpha}{1-\alpha}-1}\frac{-\alpha\theta}{1-\alpha}$$

$$<0$$

(7-29)

因此,可以得出如下命题:

命题 2(迁移效应):迁移效应来自两方面:(1) 如果个体离开所在社区的概率上升,就会减少社会资本的投资,从而使得均衡状态下社会资本存量下降;(2) 社会资本社区专用性高的个体会降低在整个时间路径上的投资,因此均衡状态下社会资本存量会下降。

在最优投资路径 $L^*(t)$ 和最优社会资本存量路径 $S^*(t)$ 上,分别对 β 求导,有

$$\frac{\partial L^*(t)}{\partial \beta} = \frac{1}{1-\alpha}\beta^{\frac{\alpha}{1-\alpha}}\left[\frac{\alpha h R(\hat{S}(t))}{\rho+\theta\phi+(1-\theta)\delta}\right]^{\frac{1}{1-\alpha}} > 0 \quad (7-30)$$

$$\frac{\partial S^*(t)}{\partial \beta} = \frac{1}{1-\alpha}\beta^{\frac{\alpha}{1-\alpha}}\frac{h^{\frac{1}{1-\alpha}}}{\theta\phi+(1-\theta)\delta}\left[\frac{\alpha R(\hat{S}(t))}{\rho+\theta\phi+(1-\theta)\delta}\right]^{\frac{\alpha}{1-\alpha}} > 0$$

(7-31)

又由 $L^*(t)$ 和 $S^*(t)$ 分别对 $\hat{S}(t)$ 求导,有

$$\frac{\partial L^*(t)}{\partial \hat{S}(t)} = \left[\frac{\alpha\beta h}{\rho+\theta\phi+(1-\theta)\delta}\right]^{\frac{1}{1-\alpha}}\frac{R(\hat{S}(t))^{\frac{1}{1-\alpha}-1}}{1-\alpha} > 0 \quad (7-32)$$

$$\frac{\partial S^*(t)}{\partial \hat{S}(t)} = \frac{(\beta h)^{\frac{1}{1-\alpha}}}{\theta\phi+(1-\theta)\delta}\left[\frac{\alpha}{\rho+\theta\phi+(1-\theta)\delta}\right]^{\frac{\alpha}{1-\alpha}}\frac{\alpha}{1-\alpha}R(\hat{S}(t))^{\frac{\alpha}{1-\alpha}-1} > 0$$

(7-33)

由 $L^*(t)$ 和 $S^*(t)$ 分别对 β 和 $\hat{S}(t)$ 求交叉偏导,有

$$\frac{\partial^2 L^*(t)}{\partial \beta \partial \hat{S}(t)} = \frac{1}{(1-\alpha)^2} \beta^{\frac{\alpha}{1-\alpha}} \left[\frac{\alpha h}{\rho + \theta \phi + (1-\theta)\delta}\right]^{\frac{1}{1-\alpha}}$$

$$\cdot R(\hat{S}(t))^{\frac{1}{1-\alpha}-1} \frac{\partial R(\hat{S}(t))}{\partial \hat{S}(t)} > 0 \qquad (7\text{-}34)$$

$$\frac{\partial^2 S^*(t)}{\partial \beta \partial (\hat{S}(t))} = \frac{\alpha}{(1-\alpha)^2} \beta^{\frac{\alpha}{1-\alpha}} \frac{h^{\frac{1}{1-\alpha}}}{\theta \phi + (1-\theta)\delta} \left[\frac{\alpha}{\rho + \theta \phi + (1-\theta)\delta}\right]^{\frac{\alpha}{1-\alpha}}$$

$$\cdot R(\hat{S}(t))^{\frac{\alpha}{1-\alpha}-1} \frac{\partial R(\hat{S}(t))}{\partial \hat{S}(t)} > 0 \qquad (7\text{-}35)$$

因此,可以得出如下命题:

命题 3(社会环境效应):社会环境效应包括两方面:(1)来自社会资本从投入到产出的风险,风险折现因子越大,则个人对社会资本的投资力度会越大,均衡状态下的社会资本存量会增加;(2)来自集体社会资本,如果集体社会资本上升,则个人的社会资本投资也会增加,从而在均衡状态下个人的社会资本存量增加,产出风险下降和集体社会资本提升的交叉作用会进一步增加社会资本投资量和存量。

第四节 结论和讨论

本章通过建立劳动力的乡-城移民动态决策模型,分析了中国转型期乡-城移民在人力资本、制度和社会资本折旧等约束条件下对网络社会资本进行投资的行为。本章的模型分析加深了对社会资本投资机制的理解,并为促进城乡间教育公平投资、改革户籍制度、建设和谐社会等相关政策以及城市化政策的制定提供了积极的启示。

(1) 教育水平的提高有助于农民工增加社会资本的投资,尤其有利于城市中的新社会资本规模增加。加强农村地区教育和职业培训投入不仅能够提高人力资本水平,而且也能间接促进社会资本投资,从而使农民获得更好的收入机会并且更好地融入城市。

(2) 如果政府能够改进或废除城乡分割的户籍制度和城市劳动力市场分割,从而使乡城移民得到更平等的城市福利和发展机会,不再担心将来返乡或继续迁移到其他城市而招致社会资本投资的损失,那么他们会更愿意投资新型社会资本并从中得到足够回报。这些政策也能改变农民的留城意愿从而改变他们社会资本的社区专用性,进而会加强社会网络投资。这些都会增加其均衡的社会资本存量。

(3) 风险折现因子受社会规范、集体社会资本的影响,因此政府在经济社会转型期的"和谐社会"、"诚信社会"建设对于促进社会网络投资具有间接的积极效果。由于有违公平,政府不宜直接参与个人社会网络的培育,而且也难以参与,但对集体社会资本的培育不仅可行而且有效,同时还能带动个人的社会网络投资,从而实际上可能会超越政策初衷,通过促进社会资本积累而获得改善城市化进程中的收入差距和增加城市融入度等不期效果。

当然,进一步的研究还可以基于本模型进行改进。比如,收入对社会资本的作用在模型中尚未考虑,本章的局部均衡的动态优化模型也不能研究在最优路径上社会资本的变化对工资水平的影响,这个问题对于社会网络在劳动力市场中作用机制的研究非常重要,将来可以使用一般均衡框架来分析。这些改动需要有坚实的基础文献来支撑相应的假设,而且会大大增加建模过程的复杂性,当然这些都可以作为未来研究的方向。

第八章 结论与进一步讨论

　　社会资本在经济发展中的作用日益受到经济学家的关注。本研究梳理了社会资本在减轻农民贫困中的作用,并在此基础上进一步研究了社会资本对农户和流动农民工收入的影响。上篇主题为"农村中的社会资本与农户收入",下篇主题为"城市化中的社会资本与农民工收入"。具体而言,主要从以下五方面研究了社会资本和农民(包括流动农民工)收入的关系。

　　第一,基于中国家计调查(CHIPS 2002)数据,研究了村级和家庭两个层面社会资本对农户收入的影响。研究发现:(1)村级和家庭的社会资本对农户总收入有显著的直接回报,和物质资本、人力资本相比具有明显的相对重要性,且不同维度的社会资本对农户农业和非农收入有不同的作用;(2)村级社会资本和家庭社会资本之间,以及两个层面的社会资本与家庭的物质资本、人力资本之间的交互作用,也对不同的收入来源有不同的作用。这为转型期的中国培育与发挥农民社会资本作用,进而改进收入分配的政策制定提供了实证依据。

第二,使用 CHIPS 2002 数据,通过分析社会资本不平等影响收入不平等的两个渠道——资本欠缺和回报欠缺,对"社会资本是穷人的资本"这一假说进行了检验。在完善农户社会资本的测量并构建综合指数的基础上,估计了社会资本回报率分布特征,并分析了地区收入水平变化对社会资本作用的影响。结果发现低收入农户社会资本的拥有量和回报率低于高收入农户,从地区差别来看也是有利于富裕地区农户。总的来看,社会资本是一个拉大农户收入差距的因素。结论倾向于证伪"社会资本是穷人的资本"这个假说。

第三,基于 2009 年北京市农民工微观调查数据,首次测量了农民工个人社会资本各因子间的相对重要性,构建了综合指数,并为边燕杰(2004)的网络社会资本操作化定义找到了经验依据。研究发现,农民工社会网络存在性别和代际差异,女性农民工在各方面都劣于男性农民工,新生代在大多数维度上都优于老一代;农民工整体内部以及性别、代际内部均存在较大的社会资本的不平等;新生代农民工的新型社会资本比老一代的规模更大并有发展上的优势。

第四,基于 2007 年北京市农民工调查数据,研究了农民工社会资本转换对其进城打工收入水平的影响。研究发现农民工原始社会资本的大小对于其增加城市收入没有显著影响,新获得的异质性社会资本即新型社会资本对收入有正的影响;这些结论在解决了异方差和多重共线性等问题的基础上,进一步通过了严格的稳健性和内生性检验。

第五,基于与网络社会资本投资密切相关的机会成本、风险、折旧和社区专用性等核心概念,并根据中国乡-城移民过程中的户籍等制度特征和农民工的人力资本、代际差别、外部性等时代特征,构建了一个农民工的网络社会资本投资与人力资本、迁移、收入等之间关系的经济控制论模型。研究发展了既有的网络社会资本投资模型,并解释了中国转型期中乡-城移民的网络社会资本投资行为的内在决定机制。

资本的概念从最传统的物质资本拓展到人力资本后,已进一步拓展到社会资本(Lin,2001;Grootaert & Bastelaer,2002),本研究在此基础上,将社会资本引入农村居民和流动农民工的收入及其分配研究,通过实证研究分析其影响并尝试进行理论建模分析,在经济学上具有某种新的方法论意义。与现有的研究比较,本书对文献可能具有以下贡献:

第一,推进了关于社会资本在农户收入中作用的实证研究。在第三章中,第一次在集体和家庭两个层面引入了更多社会资本维度的基础上,估计了社会资本对农户收入的影响及其途径,以及在农户收入影响因素中同物质资本、人力资本的相对重要性,这在一定程度上补充了文献关于社会资本对农户收入影响研究的不足。第四章中,提出了较为完整的待检验对立假设,通过分析社会资本不平等影响收入不平等的两个渠道——资本欠缺和回报欠缺,对世界银行著名经济学家 Grootaert 关于"社会资本是穷人的资本"的假说进行了检验。估计结果倾向于证伪该假说,并发现社会资本是一个拉大农户收入差距的因素。研究在估计了 99 个分位点上的社会资本回报率的基础上进行趋势分析,补充了现有文献对回报欠缺的检验方法,并对基于社会资本的收入差距来源进一步进行了分解,推进了对社会资本作用机制的理解。

第二,进行了第一手的数据采集,并完善了测量指标。第五章在吸收国内外关于社会资本和社会网络测量维度和指标的基础上,在调查问卷设计中对农民工社会资本和社会网络测量做出了新的探索,并获得具有创新意义的数据;在第一手数据基础上对流动农民工的网络社会资本的测量和指标构建也具有一定创新性的意义;在农民工社会资本和社会网络研究中首次引入因子分析方法,测量了农民工社会资本的决定因子及因子间的相对重要性,构建了综合指数,并为边燕杰(2004)的操作化定义找到了经验证据的支持,对进一步研究社会资本的作用提供了线索。

第三,基于Coleman(1990)社会资本转换的思想,第六章利用微观调查数据研究了原始社会资本和新型社会资本对收入的不同影响,并首次利用数据进行了较为完整的对比分析,得出社会资本转换对收入具有重要影响的结论。

第四,基于经济学理性人假设,第七章建立了一个动态优化模型,并引入社会资本生产函数和制度特征,从而发展了以往的社会资本投资模型,并尝试解释了中国转型期农民工网络社会资本投资与人力资本、迁移、收入之间关系的内在决定机制。

当然,本研究也还存在许多不足之处,有待将来的研究进行改进。比如:

第一,尽管对农村社会资本的分析维度比较全面,但是这不利于深入分析社会资本的作用机制。今后可以侧重农村社会资本的某一个重要方面来研究,比如聚焦于村庄信任,分析村庄信任影响收入或公共品提供的途径。

第二,社会资本的建模分析,可以拓展到公共信任等方面,研究在农民工城市化过程中信任的形式、发展转化和对收入影响等。

除了对以上不足进行改进外,未来还可以拓展到如下问题:

第一,研究社会资本在农村经济发展中的作用,包括社会资本对收入及其分配的影响,也包括社会资本在农村非正式金融、小额金融和农村公共品提供中的作用。比如,搭便车问题导致公共产品供给不足,村庄信任如何影响公共产品提供的经济机制和过程?长期积累下来的信任是一笔宝贵的财富,在市场化进程中是否可能会减弱?

第二,可以对社会资本如何影响新生代农民工就业与收入分配展开理论与实证研究。新生代农民工已经成为城市化的生力军,在劳动力市场占有巨大的份额,从社会资本视角展开的新生代农民工就业和收入分配公平性研究,可能与经济学和社会学的其他研究视角形成互补,将为理解和解决我国正在凸显的新生代农民工问题提供理论依据和实证依据。可以考虑从两个方面展开。首先,在既有的社会资本对农民工就业影响的文献基础上,充分考虑新生代农民工的特点和新型社会资本在城市劳动力市场中的作用,分析社会资本对新生代农民工就业的影响和作用机制。其次,借鉴社会资本的回报率可能有利于穷人(Grootaert,1999,2001;Grootaert et al.,2002),也有可能扩大收入差距作用(赵剑治、陆铭,2009;Zhou,2010)的思路,研究社会资本对新生代农民工收入分配的影响。进一步地,考察社会资本对代际收入差异的影响。

参 考 文 献

[1] Abdul-Hakim R., Abdul-Razak N. A., Ismail R., 2010, "Does Social Capital Reduce Poverty? A Case Study of Rural Households in Terengganu, Malaysia", *European Journal of Social Science*, 3—4(14), pp. 556—567.

[2] Abdul-Hakim R., Ismail R., Abdul-Razak N. A., 2010, "The Relationship Between Social Capital and Quality of Life Among Rural Households in Terengganu, Malaysia", *OIDA International Journal of Sustainable Development*, Vol. 01, No. 05, pp. 99—106.

[3] Adelman I. & Morris C. T., 1967, *Society, Politics & Economic Development: A Quantitative Approach*, Johns Hopkins Press, Baltimore.

[4] Akerlof G. A. & Kranton R. E., 2000, "Economics and Identity", *The Quarterly Journal of Economics*, 115(3), pp. 715—753.

[5] Altonji J. G. & Shakotko R. A., 1985, "Do Wages Rise with Job Seniority?", *Review of Economic Studies*, 54(3), pp. 437—459.

[6] Ambrus A., Markus M., Adam S., 2010, "Consumption Risk-sharing in Social Networks", *NBER Working Papers No. 15719*. National Bureau of Economic Research.

[7] Andrew G. W., 2002, "Income Determination and Market Opportunity in Rural China, 1978—1996", *Journal of Comparative Economics*, 30(2), pp. 354—375.

[8] Angelucci M., De Giorgi G., Rangel M. A., Rasul I., 2008, "Insurance in the Extended Family", *Unpublished Manuscript*.

[9] Bandiera O. & Rasul I., 2006, "Social Networks and Technology Adoption in Northern Mozambique", *The Economic Journal*, 116(514), pp. 869—902.

[10] Bartlett M. S., 1938, "Methods of Estimating Mental Factors", *Nature*, 141, pp. 609—610.

[11] Bastelaer V. T., 1999, "Imperfect Information, Social Capital and the Poor's Access to Credit", *IRIS Center Working Paper No. 234*.

[12] Bastelaer V. T., 2000, "Does Social Capital Facilitate the Poor's Access to Credit? A Review of the Microeconomic Literature", *Social Capital Initiative No. 8*, World Bank, Washington D. C.

[13] Becker G. S., 1962, "Investment in Human Capital: A Theoretical Analysis", *Journal of Political Economy*, (5), p. 9.

[14] Becker G. S., 1964, *Human Capital: A Theoretical and Empirical Analysis, with Special Reference to Education*, National Bureau of Economic Research.

[15] Becker G. S., 1988, "Family Economics and Macro Behavior", *The American Economic Review*, 78(1), pp. 1—13.

[16] Behtoui A., 2007, "The Distribution and Return of Social Capital: Evidence from Sweden", *European Societies*, 9(3), pp. 383—407.

[17] Behtoui A. & Neergaard A., 2010, "Social Capital and Wage Disadvantages among Immigrant Workers", *Work, Employment & Society*, 24(4), pp. 761—779.

[18] Benjamin D., Brandt L., Glewwe P., Li G., 2002, "Markets, Human Capital, and Inequality: Evidence from Rural China", Freeman R. B., *Inequality Around the World*. Palgrave Macmillan, New York, pp. 87—127.

[19] Besley T., Pande R., Rahman L., Rao V., 2004, "The Politics of Public Good Provision: Evidence from Indian Local Governments", *Journal of the European Economic Association*, 2(2/3), pp. 416—426.

[20] Bian Y., 1997, "Bringing Strong Ties Back in: Indirect Ties, Network Bridges, and Job Searches in China", *American Sociological Review*, 62(3), pp. 366—385.

[21] Bian Y. & Ang S., 1997, "Guanxi Networks and Job Mobility in China and

Singapore", *Social Forces*, 75(3), pp. 981—1005.

[22] Bloch F., Genicot G., Ray D., 2008, "Informal Insurance in Social Networks", *Journal of Economic Theory*, 143(1), pp. 36—58.

[23] Bloomfield P. & Steiger W. L., 1983, *Least Absolute Deviations: Theory, Applications, and Algorithms*, Birkhauser, Boston.

[24] Bourdieu P., 1983, "Forms of Capital", Richardson J. G., *Handbook of Theory and Research for the Sociology of Education*. Greenwood Press, New York, pp. 241—258.

[25] Bramoullé Y. & Kranton R., 2007, "Risk-sharing Networks", *Journal of Economic Behavior and Organization*, 64(3—4), pp. 275—294.

[26] Bratsberg B. & Terrell D., 1998, "Experience, Tenure, and Wage Growth of Young Black and White Men", *Journal of Human Resources*, 33(3), pp. 658—682.

[27] Brown T. F., 1997, "Theoretical Perspectives on Social Capital", *Working paper*, Lamar University.

[28] Calvó-Armengol A. & Jackson M. O., 2004, "The Effects of Social Networks on Employment and Inequality", *American Economic Review*, 94(3), pp. 426—454.

[29] Cameron A. C. & Trivedi P. K., 2005, *Microeconometrics: Methods and Applications*, Cambridge University Press.

[30] Carrington W. J., Detragiache E., Vishwanath T., 1996, "Migration with Endogenous Moving Costs", *American Economic Review*, 86(4), pp. 909—930.

[31] Carter M. R. & Maluccio J. A., 2003, "Social Capital and Coping with Economic Shocks: An Analysis of Stunting of South African Children", *World Development*, 31(7), pp. 1147—1163.

[32] Chantarat S. & Barrett C., 2011, "Social Network Capital, Economic Mobility and Poverty Traps", *Journal of Economic Inequality* (Online First^{TM}), pp. 1—44.

[33] Chen W. & Tan J., 2009, "Understanding Transnational Entrepreneurship Through a Network Lens: Theoretical and Methodological Considerations", *Entrepreneurship Theory and Practice*, 33(5), pp. 1079—1091.

[34] Chen Z., Jiang S., Lu M., Sato H., 2008, "How do Heterogeneous Social Interactions Affect the Peer Effect in Rural-Urban Migration: Empirical Evidence from China", *LICOS Discussion Papers*, No. 224/2008.

[35] Cleaver F., 2005, "The Inequality of Social Capital and the Reproduction of

Chronic Poverty", *World Development*, 33(6), pp. 893—906.

[36] Coate S. & Ravallion M., 1993, "Reciprocity without Commitment: Characterization and Performance of Informal Insurance Arrangements", *Journal of Development Economics*, 40(1), pp. 1—24.

[37] Coleman J. S., 1990, *Foundations of Social Theory*. Belknap, Cambridge.

[38] Coleman J. S., 1988, "Social Capital in the Creation of Human Capital", *American Journal of Sociology*, 94, pp. S95—S120.

[39] Collier P., 2002, "Social Capital and Poverty: A Microeconomic Perspective", Grootaert C. & van Bastelaer T., *The Role of Social Capital in Development*, Cambridge Press, pp. 19—41.

[40] Dasgupta P. & I. Serageldin, 2000, "Social Capital: A Multi-Faceted Perspective", *Journal of Economic Literature*, (100), pp. 1—572.

[41] Davis L. S., 2006, "Growing Apart: The Division of Labor and the Breakdown of Informal Institutions", *Journal of Comparative Economics*, 34(1), pp. 75—91.

[42] De Weerdt J. & Dercon S., 2006, "Risk-sharing Networks and Insurance Against Illness", *Journal of Development Economics*, 81(2), pp. 337—356.

[43] Delattre E. & Sabatier M., 2007, "Social Capital and Wages: An Econometric Evaluation of Social Networking's Effects", *Labour*, 21(2), pp. 209—236.

[44] DiPasquale D. & Gläser E. L., 1999, "Incentives and Social Capital: Are Homeowners Better Citizens?", *Journal of Urban Economics*, 45(2), pp. 354—384.

[45] Dolfin S. & Genicot G., 2010, "What Do Networks Do? The Role of Networks on Migration and 'Coyote' Use", *Review of Development Economics*, 14(2), pp. 343—359.

[46] Durlauf S. N. & Fafchamps M., 2005, "Social Capital", Philippe A. & Durlauf S., *Handbook of Economic Growth*, North-Holland, Amsterdam, 1B, pp. 1639—1699.

[47] Efron B., 1979, "Bootstrap Methods: Another Look at the Jackknife", *The Annals of Statistics*, 7(1), pp. 1—26.

[48] Eldridge J. E., 1995, *Non-government Organizations and Democratic Participation in Indonesia*, Oxford University Press.

[49] Fafchamps M., 2006, "Social Capital and Development", *Journal of Development Studies*, 42, pp. 1180—1198.

[50] Fafchamps M. & Gubert F., 2007, "The Formation of Risk Sharing Networks", *Journal of Development Economics*, 83(2), pp. 326—350.

[51] Fafchamps M. & Lund S., 2003, "Risk-sharing Networks in Rural Philippines", *Journal of Development Economics*, 71(2), pp. 261—287.

[52] Fafchamps M. & Minten B., 2001, "Social Capital and Agricultural Trade", *American Journal of Agricultural Economics*, 83(3), pp. 680—685.

[53] Fafchamps M. & Minten B., 2002, "Returns to Social Network Capital among Traders", *Oxford Economic Papers*, 54(2), pp. 173—206.

[54] Felli L. & Harris C., 1996, "Learning, Wage Dynamics, and Firm-Specific Human Capital", *Journal of Political Economy*, 104(4), pp. 838—868.

[55] Fuchs V., 1967, "Redefining Poverty and Redistributing Income", *The Public Interest*, 8(Summer), pp. 88—95.

[56] Fukuyama F., 1995, *Trust: The Social Virtues and the Creation of Prosperity*. Free Press, New York.

[57] Gertler P., Levine D. I., Moretti E., 2006, "Is Social Capital the Capital of the Poor? The Role of Family and Community in Helping Insure Living Standards against Health Shocks", *CESifo Economic Studies*, 52(3), pp. 455—499.

[58] Gläser E. L., Laibson D., Sacerdote B., 2002, "An Economic Approach to Social Capital", *The Economic Journal*, 112(483), pp. F437—F458.

[59] Gradstein M. & Justman M., 2000, "Human Capital, Social Capital, and Public Schooling", *European Economic Review*, 44(4), pp. 879—890.

[60] Granovetter M. S., 1973, "The Strength of Weak Ties", *American Journal of Sociology*, 78(6), pp. 1360—1380.

[61] Granovetter M. S., 1974, *Getting a job: a Study of Contacts and Careers*, Harvard University Press.

[62] Greene W. H., 2003, *Econometric Analysis*, 5th edition. Prentice Hall, Upper Saddle River, New Jersey.

[63] Grootaert C., 1999, "Social Capital, Household Welfare and Poverty in Indonesia", *Local Level Institutions Working Paper*. No. 6. World Bank, Washington, D. C.

[64] Grootaert C., 2001, "Does Social Capital Help the Poor: A Synthesis Findings from the Local Level Institutions Studies in Bolivia, Burkina Faso and Indonesia", *Local Level Institutions Working Paper*. World Bank, Washington D. C., No. 10.

[65] Grootaert C. & Bastelaer T. V. , 2002, *The Role of Social Capital in Development: An Empirical Assessment*, Cambridge University Press.

[66] Grootaert C. , Oh G. , Swamy A. V. , 2002, "Social Capital, Household Welfare and Poverty in Burkina Faso", *Journal of African Economies*, 11(1), pp. 4—38.

[67] Hamilton L. C. , 2006, "Chapter 7: Regression Diagnostics", *Statistics with Stata: updated for version 9*, Cengage Learning.

[68] Hu B. , 2007, *Informal Institutions and Rural Development in China*, Routledge, London.

[69] Huang J. , Maassen Van Den Brink H. , Groot W. , 2009, "A Meta-analysis of the Effect of Education on Social Capital", *Economics of Education Review*, 28(4), pp. 454—464.

[70] Huang X. , 1998, "Two-way Changes: Kinship in Contemporary Rural China", Flemming C. & Zhang J. , *Chinese Rural Society in the 1990s*, Curzon Press, Richmond, pp. 177—192.

[71] Hulme D. , 2003, "Chronic Poverty and Development Policy: an Introduction", *World Development*, 31(3), pp. 399—402.

[72] Ishise H. & Sawada Y. , 2009, "Aggregate Returns to Social Capital: Estimates Based on the Augmented Augmented-Solow model", *Journal of Macroeconomics*, 31(3), pp. 376—393.

[73] Jalan J. & Ravallion M. , 1998, "Determinants of Transient and Chronic Poverty: Evidence from Rural China", *Policy Research Working Paper*. World Bank Publications.

[74] Jalan J. & Ravallion M. , 1998, "Transient Poverty in Postreform Rural China", *Journal of Comparative Economics*, 26(2), pp. 338—357.

[75] Jalan J. & Ravallion M. , 2000, "Is Transient Poverty Different? Evidence for Rural China", *Journal of Development Studies*, 36(6), pp. 82—99.

[76] Jr. Bassett G. & Koenker R. , 1978, "Asymptotic Theory of Least Absolute Error Regression", *Journal of the American Statistical Association*, 73(363), pp. 618—622.

[77] Karlan D. , Mobius M. , Rosenblat T. , Szeidl A. , 2009, "Trust and Social Collateral", *The Quarterly Journal of Economics*, 124(3), pp. 1307—1361.

[78] Kinnan C. & Townsend R. M. , 2012, "Kinship and Financial Networks, Formal Financial Access and Risk Reduction", *American Economic Review*, 102(3),

pp. 289—293.

[79] Knack S., 1999, "Social Capital, Growth, and Poverty: a Survey of Cross-country Evidence", *Social Capital Initiative Working Paper No. 7*. World Bank.

[80] Knack S. & Keefer P., 1997, "Does Social Capital Have an Economic Payoff? A Cross-Country Investigation", *The Quarterly Journal of Economics*, 112(4), pp. 1251—1288.

[81] Knight J. & Yueh L., 2002, "The Role of Social Capital in the Labor Market in China", *Economics of Transition*, 16(3), pp. 389—414.

[82] Koenker R. & Jr. Bassett G., 1978, "Regression Quantiles", *Econometrica*, 46(1), pp. 33—50.

[83] Krishna A. & Uphoff N., 1999, "Mapping and Measuring Social Capital: A Conceptual and Empirical Study of Collective Action for Conserving and Developing Watersheds in Rajasthan, Indian", *Social Capital Initiative Working Paper 13*. World Bank, Social Development, Washington, D. C.

[84] La Ferrara E., 2002, "Inequality and Group Participation: Theory and Evidence from Rural Tanzania", *Journal of Public Economics*, 85(2), pp. 235—273.

[85] Lewis O., 1976, *Five Families: Mexican Case Studies in the Culture of Poverty*, Souvenir Press (Educational and Academic).

[86] Lin N., 1982, "Social Resources and Instrumental Action", Marsden P. & Lin N., *Social Structure and Network Analysis*. Sage Publications, Inc., Beverly Hills, CA, pp. 131—145.

[87] Lin N., 1999, "Social Networks and Status Attainment", *Annual Review of Sociology*, 25, pp. 467—487.

[88] Lin N., 2001, *Social Capital: A Theory of Social Structure and Action*, Cambridge University Press, New York.

[89] Lin N., D. Ao, L. Song, 2010, "Production and Returns of Social Capital: Evidence from Urban China", in Hsung R., N. Lin, R. L. Breiger, *Contexts of Social Capital: Social Networks in Markets, Communities, and Families*, Routledge, pp. 163—192.

[90] Lin N., Dayton P. W., Greenwald P., 1978, "Analyzing the Instrumental Use of Relations in the Context of Social Structure", *Sociological Methods & Research*, 7(2), pp. 149—166.

[91] Lin N., Vaughn J. C., Ensel W. M., 1981, "Social Resources and Occupational Status Attainment", *Social Forces*, 59(4), pp. 1163—1181.

[92] Mankiw N. G., Romer D., Weil D. N., 1992, "A Contribution to the Empirics of Economic Growth", *The Quarterly Journal of Economics*, 107(2), pp. 407—437.

[93] Massey D. S. & Espinosa K. E., 1997, "What's Driving Mexico-U. S. Migration? A Theoretical, Empirical, and Policy Analysis", *American Journal of Sociology*, 102(4), pp. 939—999.

[94] Massey D. S., Goldring L., Durand J., 1994, "Continuities in Transnational Migration: An Analysis of Nineteen Mexican Communities", *American Journal of Sociology*, 99(6), pp. 1492—1533.

[95] McDonald S., Lin N., Ao D., 2009, "Networks of Opportunity: Gender, Race, and Job Leads", *Social Problems*, 56(3), pp. 385—402.

[96] Mckenzie D. & Rapoport H., 2007, "Network Effects and the Dynamics of Migration and Inequality: Theory and Evidence from Mexico", *Journal of Development Economics*, 84(1), pp. 1—24.

[97] Miguel E. & Gugerty M. K., 2005, "Ethnic Diversity, Social Sanctions, and Public Goods in Kenya", *Journal of Public Economics*, 89(11—12), pp. 2325—2368.

[98] Mogues T., 2006, "Shocks, Livestock Asset Dynamics and Social Capital in Ethiopia", *DSGD Discussion Papers 38*. International Food Policy Research Institute(IFPRI).

[99] Mogues T. & Carter M., 2005, "Social Capital and the Reproduction of Economic Inequality in Polarized Societies", *Journal of Economic Inequality*, 3(3), pp. 193—219.

[100] Montgomery J. D., 1991, "Social Networks and Labor-Market Outcomes: Toward an Economic Analysis", *The American Economic Review*, 81(5), pp. 1408—1418.

[101] Morduch J. & Sicular T., 2000, "Politics, Growth, and Inequality in Rural China: does It Pay to Join the Party?", *Journal of Public Economics*, 77(3), pp. 331—356.

[102] Morduch J. & Sicular T., 2002, "Rethinking Inequality Decomposition, With Evidence from Rural China", *The Economic Journal*, 112(476), pp. 93—106.

[103] Mortensen D. T. & Vishwanath T., 1994, "Personal Contacts and Earnings:

It is Who You Know!", *Labour Economics*, 1(2), pp. 187—201.

[104] Munshi K., 2003, "Networks in the Modern Economy: Mexican Migrants in the U. S. Labor Market", *The Quarterly Journal of Economics*, 118(2), pp. 549—599.

[105] Munshi K., 2011, "Strength in Numbers: Networks as a Solution to Occupational Traps", *The Review of Economic Studies*, 78(3), pp. 1—33.

[106] Munshi K. & Rosenzweig M. R., 2009, "Why is Mobility in India so Low? Social Insurance, Inequality, and Growth", *NBER Working Papers No. 14850*.

[107] Narayan D. & Cassidy M. F., 2001, "A Dimensional Approach to Measuring Social Capital: Development and Validation of a Social Capital Inventory", *Current Sociology*, 49(2), pp. 59—102.

[108] Narayan D. & Pritchett L., 1999, "Cents and Sociability: Household Income and Social Capital in Rural Tanzania", *Economic Development and Cultural Change*, 47(4), pp. 871—897.

[109] Neal, 1995, "Industry-Specific Human Capital: Evidence from Displaced Workers", *Journal of Labor Economics*, 13(4), pp. 653—677.

[110] North D. C., 1990, *Institutions, Institutional Change and Economic Performance*, Cambridge University Press.

[111] Nurkse R., 1953, *Problems of Capital Formation in Underdeveloped Countries: and Patterns of Trade and Development*, Oxford University Press, New York.

[112] Olson M., 1982, "The Rise and Decline of Nations: Economic Growth, Stagflation, and Social Rigidities", *Revue Française De Sociologie* (2).

[113] Ostrom E., 1999, "Social Capital: A Fad or a Foundamental Concept?", Dasgupta P. & Serageldin I., *Social Capital: A Multifaceted Perspective*, World Bank.

[114] Peng Y., 2004, "Kinship Networks and Entrepreneurs in China's Transitional Economy", *American Journal of Sociology*, 109(5), pp. 1045—1074.

[115] Portes A., 2000, "Social capital: Its Origins and Applications in Modern Sociology", in Eric L. Lesser (Ed.) *Knowledge and Social Capital. Boston: Butterworth-Heinemann*, pp. 43—67.

[116] Ports A., 1995, *The Economic Sociology of Immigration: Essays on Networks, Ethnicity and Entrepreneurship*, Russell Sage Foundation, New York.

[117] Putnam R. D., Leonardi R., Nanetti R. Y., 1993, *Making Democracy*

Work: *Civic Traditions in Modern Italy*, Princeton University Press, Princeton, NJ.

[118] Rosenzweig M. R., 1988, "Risk, Implicit Contracts and the Family in Rural Areas of Low-Income Countries", *The Economic Journal*, 98(393), pp. 1148—1170.

[119] Rosenzweig M. R. & Stark O., 1989, "Consumption Smoothing, Migration, and Marriage: Evidence from Rural India", *Journal of Political Economy*, 97(4), pp. 905—926.

[120] Rowntree B. S., 1901, *Poverty: A Study of Town Life*, Macmillan.

[121] Rozelle S., 1994, "Rural Industrialization and Increasing Inequality: Emerging Patterns in China's Reforming Economy", *Journal of Comparative Economics*, 19(3), pp. 362—391.

[122] Runciman W. G., 1966, *Relative Deprivation and Social Justice: a Study of Attitudes to Social Inequality in Twentieth Century Britain*, Gregg Revivals.

[123] Samphantharak K. & Townsend R. M., 2009, *Households as Corporate Firms: an Analysis of Household Finance Using Integrated Household Surveys and Corporate Financial Accounting*, Cambridge University Press.

[124] Sanders J. M. & Nee V., 1996, "Immigrant Self-Employment: The Family as Social Capital and the Value of Human Capital", *American Sociological Review*, 61(2), pp. 231—249.

[125] Sato H., 2006, "The Impact of Village-Specific Factors on Household Income in Rural China: an Empirical Study Using the 2002 CASS CHIP Survey", *Discussion Papers 2006—2009*. Graduate School of Economics, Hitotsubashi University.

[126] Schultz T. W., 1961, "Investment in Human Capital", *The American Economic Review*, 51(1), pp. 1—17.

[127] Schultz T. W., 1964, *Transforming Traditional Agriculture*, Yale University Press, New Haven.

[128] Sen A. K., 1992, *Inequality Reexamined*, Oxford University Press, New York.

[129] Sen A. K., 1999, *Development as Freedom*, Oxford University Press, Oxford.

[130] Serageldin I. & Grootaert C., 2001, "Defining Social Capital: An Integrating View", Dasgupta P. & Serageldin I., *Social Capital: A Multifaceted Perspective*. World Bank.

[131] Stiglitz J., 2000, "Formal and Informal Institution", Dasgupta P. & Serageldin I., *Social Capital: A Multi-faceted Perspective*, World Bank, Washington DC.

[132] Sullivan N., 1994, *Masters and Managers: a Study of Gender Relations in Urban Java*, Allen & Unwin.

[133] Temple J. & Johnson P. A., 1998, "Social Capability and Economic Growth", *The Quarterly Journal of Economics*, 113(3), pp. 965—990.

[134] Thomson G. H., 1951, *The Factorial Analysis of Human Ability*, London University Press, London.

[135] Topel R., 1991, "Specific Capital, Mobility, and Wages: Wages Rise with Job Seniority", *Journal of Political Economy*, 99(1), pp. 145—176.

[136] Townsend P., 1979, *Poverty in the United Kingdom: A Survey of Household Resources and Standards of Living*, University of California Press.

[137] Townsend P., 1985, "A Sociological Approach to the Measurement of Poverty—A Rejoinder to Professor Amartya Sen", *Oxford Economic Papers*, 37(4), pp. 659—668.

[138] Townsend R. M., 1994, "Risk and Insurance in Village India", *Econometrica*, 62(3), pp. 539—591.

[139] Tsai L. L., 2007, *Accountability without Democracy: Solidary Groups and Public Goods Provision in Rural China*, Cambridge University Press.

[140] Wan G., 2004, "Accounting for Income Inequality in Rural China: a Regression-based Approach", *Journal of Comparative Economics*, 32(2), pp. 348—363.

[141] Wan G., Lu M., Chen Z., 2006, "The Inequality-growth Nexus in the Short and Long Run: Empirical Evidence from China", *Journal of Comparative Economics*, 34(4), pp. 654—667.

[142] Woolcock M. & Narayan D., 2000, "Social Capital: Implications for Development Theory, Research, and Policy", *The World Bank Research Observer*, 15(2), pp. 225—249.

[143] Xu Y. & Yao Y., 2009, "Social Networks Enhance Grassroots Democracy: Surname Groups and Public Goods Provision in Rural China", *CCER Working Paper*, Peking University.

[144] Yan Y., 1996, *The Flow of Gifts: Reciprocity and Social Networks in a Chinese Village*, Stanford University Press.

[145] Yueh Linda:《社会资本投资模型及其在中国城镇妇女劳动力市场的经验应用》,李实、佐藤宏,《经济转型的代价——中国城市失业、贫困、收入差距的经验分析》,中国财政经济出版社,2004年.

[146] Zhang X. & Li G., 2003, "Does Guanxi Matter to Nonfarm Employment?", *Journal of Comparative Economics*, 31(2), pp. 315—331.

[147] Zhao Y., 2003, "The Role of Migrant Networks in Labor Migration: The Case of China", *Contemporary Economic Policy*, 21(4), pp. 500—511.

[148] 边燕杰:《城市居民社会资本的来源及作用:网络观点与调查发现》,《中国社会科学》,2004年第3期.

[149] 边燕杰、张文宏:《经济体制、社会网络与职业流动》,《中国社会科学》,2001年第2期.

[150] 曹子玮:《农民工的再建构社会网与网内资源流向》,《社会学研究》,2003年第3期.

[151] 曾寅初、高杰、李正波:《社会资本对农产品购销商经营绩效的影响研究》,《中国农村观察》,2006年第2期.

[152] 陈阿江:《农村劳动力外出就业与形成中的农村劳动力市场》,《社会学研究》,1997年第1期.

[153] 陈成文、王修晓:《人力资本、社会资本对城市农民工就业的影响——来自长沙市的一项实证研究》,《学海》,2004年第6期.

[154] 陈健:《社会资本结构分析》,《经济研究》,2007年第11期.

[155] 陈雨露、马勇:《社会信用文化、金融体系结构与金融业组织形式》,《经济研究》,2008年第3期.

[156] 陈钊、陆铭、佐藤宏:《谁进入了高收入行业?——关系、户籍与生产率的作用》,《经济研究》,2009年第10期.

[157] 樊纲、王小鲁:《中国市场化指数——各地区市场化相对进程报告(2004年)》,经济科学出版社,2004年.

[158] 郭云南、姚洋:《宗族网络与农村劳动力流动》,《管理世界》,2013年第3期.

[159] 郭云南、姚洋、Foltz Jeremy:《宗族网络、农村金融与平滑消费:来自中国11省77村的经验》,《中国农村观察》,2012年第1期.

[160] 郭云南、姚洋、Foltz Jeremy:《宗族网络与村庄收入分配》,《管理世界》,2014年第1期.

[161] 胡必亮:《村庄信任与标会》,《经济研究》,2004年第10期.

[162] 黄瑞芹:《中国贫困地区农村居民社会网络资本——基于三个贫困县的农户调查》,《中国农村观察》,2009年第1期.

[163] 黄瑞芹、杨云彦:《中国农村居民社会资本的经济回报》,《世界经济文汇》,2008年第6期.

[164] 蒋乃华、卞智勇:《社会资本对农村劳动力非农就业的影响——来自江苏的实证》,《管理世界》,2007年第12期.

[165] 李培林:《流动民工的社会网络和社会地位》,《社会学研究》,1996年第4期.

[166] 李涛:《社会互动、信任与股市参与》,《经济研究》,2006年第1期.

[167] 李涛、黄纯纯、何兴强、周开国:《什么影响了居民的社会信任水平?——来自广东省的经验证据》,《经济研究》,2008年第1期.

[168] 李涛、李红:《双方关系、关系网络、法院与政府:中国非国有企业间信任的研究》,《经济研究》,2004年第11期.

[169] 林南:《社会资源和社会流动:一种地位获得的结构理论》,南开大学社会学系编,《社会学论文集》,云南人民出版社,1998年.

[170] 林南:《社会资本:关于社会结构与行动的理论》,上海人民出版社,2005年.

[171] 刘凤委、李琳、薛云奎:《信任、交易成本与商业信用模式》,《经济研究》,2009年第8期.

[172] 刘林平、万向东、张永宏:《制度短缺与劳工短缺——"民工荒"问题研究》,《中国工业经济》,2006年第8期.

[173] 刘林平、张春泥:《农民工工资:人力资本、社会资本、企业制度还是社会环境?——珠江三角洲农民工工资的决定模型》,《社会学研究》,2007年第6期.

[174] 陆铭、李爽:《社会资本、非正式制度与经济发展》,《管理世界》,2008年第9期.

[175] 陆铭、张爽、佐藤宏:《市场化进程中社会资本还能够充当保险机制吗?——中国农村家庭灾后消费的经验研究》,《世界经济文汇》,2010年第1期.

[176] 马光荣、杨恩艳:《社会网络、非正规金融与创业》,《经济研究》,2011年第3期.

[177] 马克思,1867:《资本论》(第一卷),人民出版社,2004年.

[178] 彭庆恩:《关系资本和地位获得——以北京市建筑行业农民包工头的个案为例》,《社会学研究》,1996年第4期.

[179] 孙立平:《城乡之间的"新二元结构"与农民工流动》,载李培林主编:《农民工——中国进城农民工的经济社会分析》,社会科学文献出版社,2003年.

[180] 唐灿、冯小双:《"河南村"流动农民的分化》,《社会学研究》,2000 年第 4 期.

[181] 汪汇、陈钊、陆铭:《户籍、社会分割与信任:来自上海的经验研究》,《世界经济》,2009 年第 10 期.

[182] 王毅杰、童星:《流动农民社会支持网探析》,《社会学研究》,2004 年第 2 期.

[183] 王子、叶静怡:《农民工工作经验和工资相互关系的人力资本理论解释——基于北京市农民工样本的研究》,《经济科学》,2009 年第 1 期.

[184] 杨汝岱、陈斌开、朱诗娥:《基于社会网络视角的农户民间借贷需求行为研究》,《经济研究》,2011 年第 11 期.

[185] 叶静怡、薄诗雨、刘丛、周晔馨:《社会网络层次与农民工工资水平》,《经济评论》,2012 年第 4 期.

[186] 叶静怡、衣光春:《农民工社会资本与经济地位之获得——基于北京市农民工样本的研究》,《学习与探索》,2010 年第 1 期.

[187] 叶静怡、周晔馨:《社会资本转换与农民工收入——来自北京农民工调查的证据》,《管理世界》,2010 年第 10 期.

[188] 张军:《关系:一个初步的经济分析》,《世界经济文汇》,1995 年第 6 期.

[189] 张爽、陆铭、章元:《社会资本的作用随市场化进程减弱还是加强?——来自中国农村贫困的实证研究》,《经济学》(季刊),2007 年第 2 期.

[190] 张维迎、柯荣住:《信任及其解释:来自中国的跨省调查分析》,《经济研究》,2002 年第 10 期.

[191] 张文宏:《中国的社会资本研究:概念、操作化测量和经验研究》,《江苏社会科学》,2007 年第 3 期.

[192] 张文宏、阮丹青、潘允康:《天津农村居民的社会网》,《社会学研究》,1999 年第 2 期.

[193] 张智勇:《社会资本与农民工职业搜寻》,《财经科学》,2005 年第 1 期.

[194] 章元、E. M. Mouhoud、范英:《异质的社会网络与民工工资:来自中国的证据》,《南方经济》,2012 年第 2 期.

[195] 章元、李锐、王后、陈亮:《社会网络与工资水平——基于农民工样本的实证分析》,《世界经济文汇》,2008 年第 6 期.

[196] 章元、陆铭:《社会网络是否有助于提高农民工的工资水平?》,《管理世界》,2009 年第 3 期.

[197] 赵剑治、陆铭:《关系对农村收入差距的贡献及其地区差异——一项基于回归的分解分析》,《经济学》(季刊),2009 年第 1 期.

[198] 赵延东、罗家德:《如何测量社会资本:一个经验研究综述》,《国外社会科学》,2005年第2期.

[199] 赵延东、王奋宇:《城乡流动人口的经济地位获得及决定因素》,《中国人口科学》,2002年第4期.

[200] 周晔馨:《社会资本是穷人的资本吗?——基于中国农户收入的经验证据》,《管理世界》,2012年第7期.

[201] 周晔馨:《社会资本在农户收入中的作用》,《经济评论》,2013年第4期.

[202] 周晔馨、叶静怡、曹和平:《流动农民工社会资本的测量及其分布特征——基于北京市农民工社会网络的分析》,《云南财经大学学报》,2013年第3期.

[203] 佐藤宏:《外出务工、谋职和城市劳动力市场——市场支撑机制的社会网络分析》,李实、佐藤宏:《经济转型的代价——中国城市失业、贫困、收入差距的经验分析》,中国财政经济出版社,2004年.

[204] 佐藤宏:《中国农村收入增长:1990—2002年》,《世界经济文汇》,2009年第4期.

后　　记

　　光阴荏苒，博士毕业已数年了。当年的博士论文历经多次修改，即将付梓问世，心里颇有些感慨。博士论文的主体由六篇独立论文组成，其中一篇源于第一学年的微观计量期末作业，后来经修改后发表，其余五篇以此为出发点，从第三学年陆续动笔，到第四学年毕业前终于完成。这本薄薄的小书虽显幼稚，但当年付出的汗水与研究过程中的迷茫，尤其是在黑暗中探索未知时的恐惧，却是实实在在的。

　　博士论文的出版，既标志一个阶段的过去，更寓意新征程的开始。站在这新旧的转折点上，百感交集，不由想起许多陪我走过这段难忘经历的师长、同学和朋友。这里谨向他们致以诚挚的感谢！

　　首先要感谢的是我的博士生导师叶静怡教授。叶老师素以治学严谨著称，对学生始终严格要求。她对我博士论文的选题、文献梳理、数据调查和写作，都给予了认真指导与大力支持。在叶老师的指导下，我在论文写作的逻辑性、严谨性和规范性等方面都有了显著的改进，我也更耐得住性子坐下来潜心做一些研究。

感谢我在辽宁大学硕士阶段的导师李平教授。刚走上学术道路之初，就遇到李老师这样从严治学的导师，实在万幸！李老师为学生营造了良好的学习、研究氛围，让我坚持走在学术的道路上，也才有今天这本博士论文的出版。

博士毕业前，我还有幸结识了中国社科院的涂勤教授。在我博士论文的修改发表过程中和在后续的合作研究中，涂老师给予了我大量无私的指导。他的言传身教，如春风化雨，润物无声，让我更清楚如何做人、做事和做学问。

特别感谢胡必亮教授对我博士论文的肯定，以及对我继续社会资本研究的大力支持。还要特别感谢在博士和硕士阶段教过我的各位老师，他们是苏剑教授、夏庆杰教授、袁诚教授、刘伟教授、黄桂田教授、陈东教授、张延教授、刘文忻教授，以及黄险峰教授、佟健教授等。

这里，我要由衷地向曾为我传道、授业、解惑的老师们道一声：谢谢您！

四年燕园，有幸结识了众多同学和朋友。常常怀念当年我们一起泡图书馆、一起讨论作业，以及一起吃吃喝喝的日子。虽然有毕业论文的折磨，但那是人生最美好的一段时光！潘希宏、梁斌、聂佃忠、尹志锋、孙旭光、肖志光、高国伟、吴诗锋、谭藤藤、衣光春、付明卫、李晨乐、陈凤仙、郭永斌、王琼、杨洋、武玲蔚、谭军强、张义博、何石军和官皓，以及其他许多同学和朋友，都曾给予过我各种建议、启发和帮助，包括对我的博士论文提出了不少宝贵意见。这里谨向他们致以诚挚的谢意！

从小学、中学、本科、读硕士前工作期间、在川大"闭关"修炼期间、硕士期间，直到取得博士学位，一路有幸遇到众多老师、同学、领导、同事和朋友，包括张联芳老师、陈文清老师、胡贵旗老师、周恬恬老师、郑世雄经理，诸多的良师益友都给了我很多帮助和指导。另外，各位长辈和兄弟姐妹一直给我各种支持和鼓励。这里也向他们致以深深的谢意！

在博士论文出版阶段，赵翼和刘春玲为我进行了文字校对和格式调整，北京大学王曙光教授以及北京大学出版社的编辑王晶、郝小楠老师也对本书的出版给予了大力支持，尤其是王晶老师非常认真细致地指出了许多错漏，这里一并致谢！

要感谢的人太多，恕难一一列举。

寸草难报三春晖，最应该感激的是我的父母！是他们始终给予我理解和支持，是他们始终给予我无私的爱，让我有勇气面对挫折、战胜自己。

谨以此书献给我的父亲和母亲！

人生经历了几次转折，其中燕园四年尤为重要。我从历史系本科肄业后，先做国际贸易等业务，然后到四川大学"闭关"四年，自学数学、英语、历史和经济学。由于各种机缘巧合，我在辽宁大学接受了三年的经济学硕士研究生教育，之后到了北大读博，这时已经是33岁的大龄学生了。在北大又"熬"过四年，终于按期顺利地毕业，实现了人生的大转轨。蓦然回首，这些年经历的各种艰辛、付出的各种努力,看来都是值得的。

今日再看这本博士论文,虽然经过多次修改,但仍有很多不完善的地方。由于时间紧,书中的缺陷只能遗憾地留待读者批评了。毕业时忝列"北京大学优秀博士论文"已让我有些忐忑,毕业后又忽然发现自己当年什么都敢写,更让我时时汗颜。在"佩服"当年"初生牛犊不怕虎"的勇气之余,唯愿本书能够成为自己在前行道路上的一点安慰。倘若本书还能偶尔起到抛砖引玉之用,则万幸矣!

路漫漫其修远兮,吾将上下而求索。

周晔馨
2017 年 5 月 18 日